毛寬偉著

周濂溪學說發微

文史哲出版社印行

目錄

朱文公周子太極通書後序

錄自晦庵先生文集

右周子之書一編，今舂陵、零陵、九江，皆有本，而互有異同，長沙本最後出，乃熹所編定，視他本最詳密矣。然猶有所未盡也。蓋先生之學，其妙具在太極一圖，通書之言，皆發此圖之蘊。而程先生兄弟，語及性命之際，亦未嘗不因其說。觀通書之誠動靜理性命等章，及程氏書之仲通銘、程邵公誌、顏子好學論等篇，則可見矣。

故潘清逸誌先生之墓，敘所著書，特以作太極圖為稱首，然則此圖當為書首不疑也。然先生既手以授二程，本圖附書後（祈寬居之云）傳者見其如此，遂誤以圖為書之卒章，不復釐正，使先生立象盡意之微旨，暗而不明。而驟讀通書，亦復不知有所統攝，此則諸本皆失之。

而長沙通書，因胡氏所傳，篇章非復本次，又削去分章之目，而別以周子曰者加之，於書之大義，雖若無所害，然要非先生之舊。亦有去其目而遂不可曉者。（如理性命之類）

又諸本附載銘碣詩文事多重複，亦或不能有所發明於先生之道以幸學者。

故今特據潘誌置圖篇端，以為先生之精意，則可通乎書之說矣。至於書之分章定次，亦皆復其舊貫，而取公及蒲左丞孔司封黃太史所記先生行事之實，刪去重複，合為一篇，以便觀者。蓋所傳先生之書言行具此矣。

潘公所謂易通，疑即通書，而易通獨不可見。向見友人多蓄異書，自謂有傳本，亟取而觀焉，則淺陋可笑。皆舍法時舉子緒餘，與圖說通書，絕不相似，不問可知其偽，獨不知世復有能得其真者與否？以圖書推之，知其所發，當極精要，微言湮沒，甚可惜也。

熹又嘗讀朱內翰震進易說，謂此圖之傳，自陳摶种放穆修而來，而五峰胡公仁仲作通書敘。又謂先生非止為仲穆之學者，此特其學之一師耳，非其至者也。夫以先生之學之妙，不出此圖，以為得之於人，則決非种穆所及，以為非其至者，則先生之學，又何以加於此圖哉？是以嘗竊疑之，及得誌文考之，然後知其果先生所自作，而非有所受於人者，公蓋皆未見及此誌而云云耳。

然胡公所論通書之指，曰人見其書之約，而不知道之大也。見其文之質，而不知其義之精也。見其文之淡，而不知其味之長也。人有真能立伊尹之志，脩顏子之學，則知此書之言，包括至大，而聖門之事業無窮矣。此則不可易之至論，讀是書者所定知也。因復掇取以系於後云。乾道己丑六月戊申新安朱熹謹書。

再定太極通書後序

右周子太極圖並說一篇，通書四十一章，世傳舊本遺文九篇，遺事十五條，事狀一篇，喜所集次，皆以校定可繕寫。熹按先生之書，近歲以來，其傳既益廣矣。然皆不能無謬誤。唯長沙建安板本為庶幾焉，而頗有未盡也。蓋先生之學之奧，其可以象告者，莫備於太極之一圖，若通書之言，蓋皆發明其蘊，而誠靜理性命等章為尤著。程氏之書，亦皆祖述其意。而李仲通銘、程邵公誌、顏子好學論等篇，乃或並其語而道之，故潘清逸公誌先生之墓，而敘其所著之書，特以太極圖為首稱，而後乃以易說易通繫之，其知此矣。

按漢上朱震子發，言陳摶以太極圖傳种放，放傳穆脩，脩傳先生。衡山胡宏仁仲，則以為种穆之傳，特先生所學之一師而非其至者。武當祁寬居之。又謂圖象乃先生指畫以語二程而未嘗有所為書，此蓋皆未見潘誌而言。若胡氏之說，則又未考乎先生之學之奧，始卒不外乎此圖也。

先生易說，久已不傳於世，向見兩本皆作是。其一卦說，乃陳忠肅公所著。其一繫詞說，又皆佛老陳腐之談，其甚陋而可笑者，若曰易之冒天下之道也，猶狙公之罔眾狙也，觀此，則其決非先生所為可知矣。易通疑即通書，蓋易說既依經以解義，此則通論其大旨，而不繫於經者也，特不知其去易而為今名，始於何時耳！

然諸本皆附於通書之後，而讀者遂以為書之卒章，使先生立象之微旨，遂暗而不明。驟而語夫通書者，亦不知綱領之在是也。

長沙本既未及有所是正，而通因胡氏所定章次，先後輒頗有行移易。又刊去章目，而別以周子曰加之，皆非先生之舊。若理性命章之類，則一去其目，而遂不可曉。其所附見銘碣詩文，視他本則詳矣。然亦不能有以發明，於先生之道，而徒為重複。故建安本特據潘誌，置圖篇端，而書之次序名章，亦復其舊。又即潘誌及蒲左丞孔司封黃太史所記先生之實，刪去重複，參互考訂，合為事狀一端。

其大者如蒲碣云，屠姦剪弊，如快刀健斧。而潘誌云：精密嚴恕，務盡道理。蒲碣但云母來葬，而潘公所為鄭夫人志，乃為水齧其墓而改葬，若此類，皆從潘誌。而蒲碣又云：慨然欲有所施以見於世。又云：益思以奇自名。又云朝庭躐等見用，奮發感厲，皆非知先生者之言。又載先生稱頌新政，反覆數千言，恐亦非實，若此之類皆刪去。

至於道學之微，有諸君子所不及知者，則又以程氏及其門人之言為正，以為先生之言之行，於此亦略可見矣。然後得臨汀楊方本以校，而知其舛陋，猶有未盡正者。

如柔如之，當作柔亦如之。師友一章，當為二章之類。

又得何君營道詩序，及諸嘗遊舂陵者之言，而知事狀所敘濂溪命名之說，有失其本意者。

何君既見遺事篇內，又按濂溪廣漢張氏所跋先生手帖，據先生家譜云：濂溪隱居在營道道縣榮樂鄉鍾貴里石塘橋西。濂蓋溪之舊名，先生寓之廬阜，以示不忘其本之意，而邵武鄒真為熹言，嘗至其處。溪之源，自為上下保，先生故居在下保，其他又別自號為樓田。而濂之為字，則疑其出於唐刺史元結七泉之遺俗也。今按江州濂溪之西，亦有石塘橋，見於陳令舉廬山記，疑亦先生所寓之名云。

覆校舊編，而知其筆削之際，亦有當錄而誤遺之者。

如蒲碣自言初見先生於合州，相語三日夜，退而嘆曰：世乃有斯人耶！而孔文仲，亦有祭文，序先生洪州時事，曰：公時甚少，玉色金聲，從容和毅，一府盡傾之語。蒲碣又稱其孤風遠操，寓懷於塵埃之外，常有高樓遐遁之意，亦足以證其前所謂以奇自見等語之謬。

又讀張忠定公語，而知所論希夷种穆之傳，亦有未盡其曲折者。

按張忠定公嘗從希夷學，而知其論公事之有陰陽，頗與圖說意合，竊疑是說之傳，固有端緒。至於先生，然後得之於心，而天地萬物之理，鉅細幽明，高下精粗，無所不貫。於是始為此圖，以發其秘耳。

嘗欲別加是正，以補其闕，而病未能也。茲乃被命假守南康，遂獲嗣守先生之餘教，於百有餘年之後，顧德弗類，慚懼已深。瞻仰高山，深切寤嘆。因取舊衺，復加更定，而附著其說如此，鋟板學宮，以與同志之士共焉。淳熙己亥夏五月戊午朔新安朱熹謹書

自序

宋乾道八年夏四月，朱子太極圖通書成，己丑，又為太極通書書後。癸已，又為太極後記。己亥，再定太極通書後序。丁未，又為通書後記，王懋竑朱子年譜曰：濂溪周子，著太極圖，明天理之根源，究萬物之終始。又著通書四十篇，發明太極之蘊，其言約而道大，文質而義精，得孔孟之本源，大有功於學者。

朱子謂二程先生語及性命之際，未嘗不因其說。昔者周子手授二程，圖附書後，傳者見之，遂以圖說為書之卒章，不復釐正，使先生立象盡意之旨，闇而不明，而驟讀通書，亦不知所統攝。

又答胡廣仲書曰：太極之旨，周子立像於前，為說於後，互相發明，平正洞達，絕無毫髮可疑。

又答程允夫問程子未嘗明以此圖示人，今乃遽為之說以傳之，是豈先生之意耶！答曰：當日此書未行，故可隱，今日流布已廣，若不說破，卻令後生枉生疑惑，故不得已而為之說爾。

六先生畫像贊，濂溪先生曰：道喪千載，聖遠言湮，不有先覺，孰開我人，書不盡言，圖不盡意，風月無邊，庭草交翠。

愚早年讀彭剛直所序桐城方存之通書講義，及晦庵先生文集之朱文公周子太極通書後序，再定太極通書後序，而後知周子示二程子，尋喜怒哀樂未發時之氣象之所以，及「理學之祖」之美稱，非徒托諸空言也。余 祖父樹駿公有言：「太極圖精深為人所難破者，先生皆據靜坐內工所歷而舉以示人，非二程子工至此，殆亦不與也」。茲據 樹駿公所授，直以己意，繼圖通書為說，期能曉明其真義。

一生台灣，一生海洋，一生悠然。前於退休前夕，將中庸集義評釋付梓，甫續整理舊作周濂溪學說發微，陽明傳習錄釋要及零星之作九篇一並付梓，以就正高明云。

歲在壬午仲秋國立台灣海洋大學名譽教授長沙毛寬偉 識

周濂溪學說發微

(一)太極圖

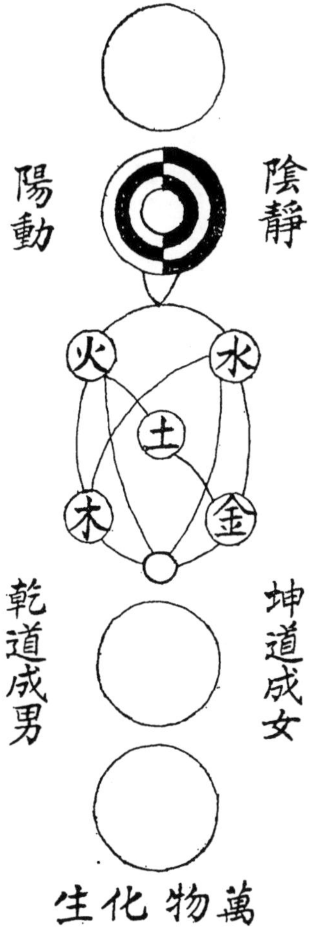

理之精深者，原於性。性之來源，又命自天。孟子言盡心則知性，知性則知天。蓋嘗推之，周子以性理之源，知天之學，人無由以通之也，如是爲太極圖、太極圖說以明之。人能本此以明於天之道，則人道悉有準則，人之道絕不可與天之道相異也。

大學言一己之明德明，而後能明明德於天下也。無極者，非吾人耳目見聞可及，有形可據，但卻真實無妄而有極，以爲一切有形之主也。易乾彖曰：「元亨利貞」。元、即無極也。孔子曰：「大哉乾元，萬物資始，乃統天」[註一]。老子曰：「無名天地之始」[註二]。又曰：「有物混成，先天地生」[註三]。皆以無極言之也。

無極只可以意會，難以言傳。故周子畫一圓圈，以示體會。次太極。太、大也。何太？萬物未生以前，無不由他孕育。何以爲孕育？一陰一陽也。陰陽何以爲孕育？氣也。氣有動有靜，動先爲陽，靜後爲陰。圖左右白黑二色，互相環抱者，陰陽回戀之意也。中間小圈，色白，白者色之素，無聲無臭，即無極也。圖之於中，象陰陽生自無極也。陰陽一動一靜，而無極常在其中，未一刻離也。

下垂二線，示生物一自陽，一自陰也。線下合，陰陽必合，而後能生物也。

生物先五行，五行先生水，此五行猶是無形之五行，具最清純之氣而已。五者，生物之數也。五色、五味、五聲，盈天地間所可識而可見者，皆五，皆此無形之氣所生也。可見可

註一　見古注十三經，周易乾卦卷一。
註二　見老子道德經首章。
註三　見老子道德經第二十五章。

識之五行，物之子也。圖之五行，物之母也。金、木、水、火、土，皆以線爲連繫，示相生之序，環而不斷，五行之性，使之然也。

土位乎中，中、四方之主，各行之生，皆賴土以成之。大學言明明德，先貴誠意，意在人，亦土也。河圖、洛書五與十居中，義一也。

五行字外各爲一圈，示五行各爲無極所涵藏。無極，五行之源，子不離母也。無無極，無五行也。

下又作一小圈，五行各以線示之，示五行生物，又非會成無極，物不生也。

其下又成二白圈，象上無極，何也？萬物生生，非會成無極，亦不能生也。成男成女，注於上，人靈於物，人可育物，故尙於物。

或曰：太極生五行畫垂線，五行相生相成，亦畫垂線，示聯繫。而成男成女成萬物，不以線示之，其相生不上接五行之氣乎？曰：相生之理有二。地生物，其氣自下而上，宓羲畫卦，周孔演易，聖人製樂候氣，倉頡造字，許慎解王申等字寫法，中一直，皆下向上，聖人之以道教人，明人修道尙氣。取氣之方，惟逆乃有成，學人不可不察也。

如天之生物，自上而下，風雲雷雨，習見習聞，固不待以線示之。如上圖無極生太極，亦不示之線也。無極既成，無極中已具足太極之氣，無極熟，不求其生，太極自然生也。五行雖五，果會成無極，人物亦無不產生。

凡生物之所患者，無無極也。萬物既成，萬物又各具一大極之全體，人物之生生，從此乃可各自爲之。此中生生之理，又具有一箇大樞紐。樞紐爲何？凡物未生以前，爲生之理，具備果善，則既生以後，物亦無不善。

然既生以後，善惡不齊，物之常也。惟人也，又別有法以善之，則物亦可無不善。孔子曰：「繼之者，善也。成之者，性也」註四。何謂繼善？人法天之道也。法天道成人物之性，性又無不善也。

聖人明於此，如是盡人以合天，而裁成輔相之道以出，禮樂制度之教以興。

或曰：周子以易爲圖說，易只言太極，未言無極，圖其僞乎？曰：文王繫易，未言龍，周公言龍註五，乾之爲物，只有一龍乎？孔子乾爲天、爲君、爲玉。汲塚周書，於易無孔子繫辭。孔鮒藏書，未入壁之書尚多，其未言未入者，皆僞乎？周子以此圖示二程子，示知生物之源，示知聖人與民立極之所本，示知通書四十章爲說，悉以此出。首無極者，吾人爲學，

註四　見古注十三經，周易繫辭上第七。

註五　如乾卦九五，飛龍在天。坤卦上六，龍戰于野。

內體必到此，而後人極以立也。而後所學不虛僞也。

或又曰：易不言五行，五行生克制化之說，出於術數家，周子添入五行一圖，後人疑無根據，謂其說雜也。曰：五行之說，見於洪範：「一五行，二五事，三八政」[註六]。先王政治之所出，悉根據於五行。如臯陶謨「撫於五辰，庶績咸熙」[註七]。禮運「播五行於四時」[註八]。又曰：「人者、五行之秀氣」，「被色而生」[註九]。左傳「天有六氣，降生五味」[註十]。五味五行所生也。聖人政教，爲生民保合太和，其政之出，皆有所本。故先聖後聖，理皆一貫。

後世考訂之學，非不詳博，其弊每拙於窮理。朱子於易首，加先後天河洛各圖，亦有疑爲宋儒僞造者，千古易學，得圖而益顯，因知作者之悉有所據，昧於理源者，又從而立說以閉之。聖學不昌，太平不復見，誰實尸其咎！

有清萬裕澐，當乾嘉以後，漢學大興之時，為周易變通解一書，定宋賢各圖，漢儒已早

註六　尚書洪範篇，見古注十三經，相臺本、永懷堂本，尚書卷七，第一、二頁。

註七　見古注十三經，尚書卷二，第六頁。

註八　見古注十三經，禮記卷七，第七頁。

註九　見古注十三經，禮記卷七，第七、八頁。

註十　見古注十三經，卷秋經傳集解昭公一，第二十卷，三〇一頁。

言之，且備於經傳者不一其處，於雜卦一傳，大過下八卦，不以對待言，而韻又諧，人多不解其故。萬氏曰：是言流行之氣也。卦以雜稱，有言通變者，有言錯卦者，有言互卦者，有言陰陽爻位得失者，有言利貞九六者，義非一義，故以雜言，傳之殿後，示言易要會萃諸義，易之包涵，本來如是也。

邵子程子，同謂畫前有易。朱子謂未形未見者，不可以名求。周子此圖，推出人物生生之所由然，圖以天之道也。天何言哉！，天何言哉！而人固可同有諸身，而真實不虛之學也。不深切思之，反指爲僞，此聖學之所以不流傳，秦漢以下，政教概失所本，太平之所以不復見，中華文化之承傳誠令人憂！

（二）太極圖說

無極而太極，太極動而生陽，動極而靜，靜而生陰。靜極復動，一動一靜，互為其根。分陰分陽，兩儀立焉。陽變陰合，而生水火木金土。五氣順布，四時行焉。五行，一陰陽也。陰陽，一太極也。太極，本無極也。

「無極而太極」，言太極來自無極也。無極，太極之母也。無極生物，必先生太極者，老子曰：「天下之物生於有，有生於無」註十一。無，即無極也。太極之有動有靜也。動，陽也。靜，陰也。陽之動，亦陰有以召之，而後陽之動機起。陰之靜，亦陽有以先之，而後陰之靜勢成。一動一靜，皆陰陽自相感也。「互爲其根」，根即無極，陰中有陽，陽中有陰也。「陽變陰合」，不曰陰變陽合者，乾道變化，各正性命。惟乾能知大始，坤只作成物也。

註十一　見老子道德經第四十章。

合者，氣仍復成無極，萬物又從此孕育，以有其根也。

先生五行，萬物不與並生者，物之形不一，爲性各殊，子孫肖祖宗，其不同處，悉五行爲之源也。

「五氣順布，四時行焉」。順者，春木生夏火，生秋金，生冬水。貞下起元，水又生春木。誰使之然？五行一陰陽也。陰陽之有動靜，又誰使之然？陰陽一太極也。太極之爲此，又誰使之然？太極本無極也。無極何以能爲此？老子曰：「恍兮惚兮，其中有物，窈兮冥兮，其中有精」[註十二]。物，精也，無極也，窈冥也，恍惚也，無極所以爲生也。無極無此，不能生物也。此天地未有以前之氣象。

無極爲天地萬物之所祖。無無極，亦即無天地。

此節言天地未形之氣所流行。

五行之生也，各一其性。無極之真，二五之精，妙合而凝。乾道成男，坤道成女。二氣交感，化生萬物。萬物生生，而變化無窮焉。

註十二　見老子道德經第二十一章。

五行，金木水火土也。何以不一其性？五行孕於無極，無極未成，五行已有性在。無極既成，無極生五行，五行五氣而已。其氣誰賦與之？無極也。無極誰成之？陰與陽也。陰陽自何而來？天地既生，陰陽即與之俱生。陰陽何以能助極以生物？由其合也。合而妙，不知其爲合也。由妙而又能凝，不知有陰與陽之別也，此無極也，此無極之真也。中庸曰：「及其至也，雖聖人亦有所不知焉，亦有所不能焉」[註十三]。不知不能，即合之妙，妙而能凝也。有知有能，即不能合，合亦不妙不凝也。

子思此處，以人有無極言。周子此處，以天之無極言。以人言，言人法天，人可有天命性之命也。以天言，言法天，則天之無極不在天，人可共有之也。周子此言，已道破造化之奧妙，所以爲理學百世不祧祖。

成男成女，陰陽之動有後先，「震一索而得男」，「巽一索而得女」[註十四]，索即靜極而動也。「二氣交感，化生萬物，萬物生生，而變化無窮焉」。其爲生生，皆出自無極。世以無極爲不靈之物，不知一切生生，無無極，則一切物無也。

註十三　見四書集注中庸第十二章。

註十四　二句見古注十三經，周易說卦卷九第三頁。

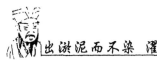

惟人也，得其秀而最靈。形既生矣，神發知矣。五性感動，而善惡分，萬事出矣。聖人定以中正仁義而主靜，立人極焉。故聖人與天地合其德，日月合其明，四時合其序，鬼神合其吉凶。君子修之吉，小人悖之凶。

人何以得其秀？五行二氣之所有，人盡有之，物則偏。試以形言之：如鼠無白眼，牛缺上牙，虎無項，兔無上唇，龍無耳，蛇無足，馬無膽，羊無脾，猴無小舌，雞無溺器，犬無肚，猪無筋。秀氣產生於二五之全，形不具，氣亦無從而秀也。

人既秀矣，何以有善惡之分？曰：知也。知之所發，原於五性。性有生有克，人得之，物感物而動生，老子曰：「故有無相生，難易相成，長短相形，高下相傾，聲音相和，前後相隨」註十五。一人一身之言行舉動，有不自知其乖忤者，發而不能皆中節也。

天下之大，兆民之多，人與人相爭，國與國相爭，禍皆由此起。世之所以長不治，聖人於此有患憂，思天生民，性無不善，其情何以不率於性也？善者何以能率性而行也？孟子曰：

註十五　見老子道德經第二章。

「乃若其情，則可以爲善」註十六。如是設爲禮樂政刑之教，而定以中正仁義而主靜。其所定之旨，非聖人私自造作也，亦原於天與民所固有者而裁成之，使五性之動不一者一之，張橫渠先生所謂變化氣質也註十七。無極之真，二五之精，向之在天而天道賴以行者，今在人矣。禮樂政刑，皆使民日遷善，而不知所以爲之者。無極之真，二五之精，禮樂之教既成，人人可從此妙合而凝之，不讓天地以獨有，天地之極，即人民之極，人極立，三才平等也。

「聖人與天地合其德，日月合其明，四時合其序，鬼神合其吉凶」註十八。聖人之爲合，聖人能知天地日月鬼神之爲德爲明爲吉凶之所在，乃立以中正仁義而主靜之道，以合之，所謂天人合一也。天地鬼神，原同自此極來。立人極，即立天道於人也。

「君子修之吉」，修聖人之教，而極立也。極立而邪慝去，「方以類聚，物以群分」註十九，吉不期來而自來也。

「小人悖之凶」，小人未解聖人所定禮樂政刑，反其所爲，而極不立。水流濕，火就燥，

註十六　見四書集注孟子告子章句上。

註十七　見近思錄卷二橫渠曰：「爲學大益，在自求變化氣質……」。

註十八　四句見周易乾卦文言。

註十九　二句見周易繫辭上卷七第一頁。

凶之來不在凶，人有以召之也。

此節言聖人立教之本源，重在法天。

故曰：立天之道，曰陰與陽。立地之道，曰柔與剛。立人之道，曰仁與義。又曰：原始反終，故知死生之說。大哉易也，斯其至矣。

立天之道，不外陰陽。天有四時，四時變化，陰陽爲之也。陰陽之爲變化，陰陽合也。陰陽之合，亦合之以無極也。曰立，合即立也。

立地之道，不外剛柔。地代天成物，山剛水柔也。剛柔，一陰與陽也。成物，即剛柔合也。剛柔之爲合，亦合之以無極也。

「立人之道，曰仁與義」。仁義根於人之性，以仁義立人，猶以人治人[註二十]。老子曰：「大制不割」[註二十一]。仁義行，人極立，其爲立，亦由於人之能合也。

註二十　見四書集注中庸第十三章。
註二十一　見老子道德經第二十八章。

「原始」，原人物之所以生。聖人原之以無極之真，二五之精，妙合而凝，以之立極。極立，則既生以後，不善者，可以改善，此復性之學也。

「反終」，反其所始。始善，因反。始之氣乃散也。人物之所死，皆元始祖氣，爲外物消散。散盡，生乃不久長，此自賊天之所以與我者。不解無極之真，二五之精，可由人妙合而凝也。

此節示人立教重仁義，本於民性之所固有。

圖說，說繪圖之義，本天道之以立圖，如庖羲畫卦，示人以知天也。曰大哉易者，圖之義，易義也。易之義，四聖人所爲與民立極之義也。圖推原於天之所以爲天，亦使人知易之所以爲易。人明於圖說，即知易說，知易說，即知圖說之所本。知所本，則前聖人之教育可以興，後世不太平之治教，可以不復出。

(三)通　書

誠上第一

誠者，聖人之本。「大哉乾元，萬物資始」註二十二，誠之源也。「乾道變化，各正性命」註二十三，誠斯立焉。純粹至善者也。故曰：「一陰一陽之謂道。繼之者，善也。成之者，性也」註二十四。元亨，誠之通。利貞，誠之復。大哉易也，性命之源乎。

聖人之誠，乾之元。元，萬氣之始。即前圖所謂無極也。「乾道變化，各正性命」，聖人

註二十二　二句見周易乾卦　辭。

註二十三　二句見周易乾卦　辭。

註二十四　三句見古注十三經，周易繫辭上、卷七、第三頁。

從何而知其能變化，能正性命，正性命之必用乾道也？曰：乾陽雖不自生物，卻為生物之源。乾善動，動有所止，止動者，坤也。坤順承天，其承即合，合則變化生。人同具此陰陽，人能合此陰陽，則人亦可同有此變化。人同具此變化，人不獨一己之性命可正，天地位，萬物育，人與天地平等也。

所謂「繼之者，善也」。何謂善？即無極之真，二五之精，妙合而凝也。不善，則陰陽雜，變化不起。大學說止於至善，由有定而後能靜安。安即妙合而凝也。中庸言率性之道，從慎獨起，慎到喜怒哀樂之未發，而後慎獨之功夫盡。未發之中，即妙合而凝也。

或曰：繼之之善，於人有可用處？曰：成之者性也。性為天所命，時無古今，人所同有，猶待功夫以成之耶？曰：人不皆善，氣稟所拘，物欲所蔽，人與人所由殊也。惟有以成之，則邪去而正立也。愚夫愚婦，與知與能，明德可明於天下也。世至此，人各保合太和，世用昇平。聖人萬語千言，制作文為註二十五，皆教人以成性，成性外，別無大學問。

「元亨，誠之通」。惟誠可通此元。「利貞，誠之復」。惟誠可復此利。

註二十五　見古注十三經樂記卷十一，九、十一頁，禮樂記「王者功成作樂，治定制禮」。又曰：「禮節民心，樂和民聲，政以行之，刑以防之，禮樂刑政四達而不悖，則王道備矣」。

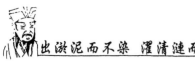

周子通性命之源，圖首無極，性命之源也。周子知致誠之道，說聖人定以中正仁義而主靜，示立誠之學問。書以通名，合前聖之心傳而不一遺漏也。此章言誠以立體。

誠下第二

聖，誠而已矣。誠，五常之本，百行之源也。靜無而動有，至正而明達也。五常百行，非誠非也，邪暗塞也。故誠則無事矣。至易而行難，果而確，無難焉。故曰：一日克己復禮，天下歸仁焉。

五常有本，不解本之所在；百行有源，不明源之所具，傷其本昧其源者，多矣！「靜無」者，至靜之中，一物不伏藏也。至靜，即去邪之道也。「動有」者，邪旦去，五常百行之源立也。誠何以能致此有，而五常百行無弗有，所有又無弗善也？曰：人行二五變化之功夫，無極乃能有於身也。凡人不能如聖，非無五常百行之源，乃是復五常百行無功夫，其功夫或行而不果，果而不確也。

「至易而行難」，心到無思無慮，若仍知無思無慮，則人心猶未去也。「果而確，無難焉」，確則「惟精惟一，允執厥中」也[註二十六]。

復禮不難，克己難。克己如有功夫，禮之源自復。復者，我「由仁義行，非行仁義」[註二十七]。「天下歸仁」[註二十八]，我所出者無不仁，則人亦以仁應我，所謂「同聲相應，同氣相求」[註二十九]，「聖人作而萬物覩」也[註三十]。

克復是靜無之道，歸仁是不動而能自有之道。

此章言誠可去邪以致用。

註二十六　兩語出尚書大禹謨篇，見古注十三經，周易卷一、第三頁。

註二十七　原文出孟子離婁下。

註二十八　原文出論語顏淵第十二首篇。

註二十九　原文出周易乾卦文言。見古注十三經，周易卷一、第三頁。

註三十　同註二十九。

誠幾德第三

誠無為，幾善惡。德、愛曰仁，宜曰義，理曰禮，通曰智，守曰信。性焉、安焉之謂聖。復焉、執焉之謂賢。發微不可見，充周不可窮之謂神。

「誠無爲」，立誠不可有爲也。誠立則幾無不善，德無不仁義禮智信，聖凡可由此平等。「發微不可見」，可見非微，非微，非誠也。「上天之載，無聲無臭」註三十一，「君子之所不可及者，其爲人之所不見乎」註三十二！神充周不可窮，神從何處來？無極之真，二五之精，妙合而凝，人人循是而致之，此不可見之微也。

此章言惟誠能與人立體。

註三十一　語出毛詩大雅首章。見古注十三經毛詩卷十六、第二頁。

註三十二　語出中庸第三十三章。

聖第四

寂然不動者，誠也。感而遂通者，神也。動而未形有無之間者，幾也。誠精故明，神應故妙，幾微故幽。誠、神、幾，曰聖人。

人知「寂然不動」[註三十三]，是誠之體。「感而遂通」[註三十四]，是誠之用。然誠非精無以致之也。不精，神不生，應物不妙，幾亦不能幽。圖說說無極之真，二五之精，妙合而凝。妙與凝，即言誠貴精也。老子曰：「玄之又玄，眾妙之門」[註三十五]，尚精也。孟子曰：「必有事焉，而勿正，心勿忘，勿助長也」[註三十六]。養氣不如此，所養不直也。養不直，不精也。

此章言人之神與幾之妙，生於誠之精。

註三十三　見古注十三經周易繫辭上、卷七、第八頁。「易，无思也，无爲也，寂然不動，感而遂通天下故……」。

註三十四　同註三十二。

註三十五　原文出老子道德經第一章。

註三十六　原文出孟子公孫丑上。

慎動第五

動而正曰道，用而和曰德。匪仁、匪義、匪禮、匪智、匪信，悉邪也。邪動，辱也。甚焉，害也。故君子慎動。

人不能無動，動何由而慎，而辱與害除，所動無不仁不義不禮不智不信？曰：慎之於「立極」[註三十七]，極立則情欲之發有主，情聽命於性也。孟子曰：「先立乎其大者，則其小者，不能奪也」[註三十八]。聖人「不勉而中，不思而得，從容中道」[註三十九]，豈無所本哉？

此章言慎動。有子曰：「君子務本，本立而道生」[註四十]。

註三十七　周禮天官冢宰第一：「設官分職，以爲民極」。見古注十三經周禮卷一首頁。

註三十八　見孟子告子上。

註三十九　見中庸第二十章。

註四十　語出論語學而篇第二章。

道第六

聖人之道，仁義中正而已矣。守之貴，行之利，廓之配天地。豈不易簡？豈為難知？不守不行不廓耳。

仁義中正，聖人之教也。何也廓之能配天地？曰：天地之所以爲天地，有所以爲之之道。聖人之教，亦以此道立之。天地無邪暗，聖人準之以爲教，人若能得之，亦可自去其邪暗，邪暗去，人與天地一也。

仁義中正之爲教，皆主之以靜也。靜之至，即誠之至。靜極即無極。能靜極至無極，則無極在我不在天矣。樂記曰：「人生而靜，天之性也」註四十一。爲學至見性，學無餘事矣。其不守不行而無以爲廓者，非生之使然也，教之者不行先聖之道，無以與民立極也。下章故以師言之。

此章言人之善，由於教得其所本也。

註四十一　原文出禮記樂記第十九。見古注十三經禮記樂記一第八頁。

師第七

或問曰：曷為天下善？曰師。曰：何謂也？曰：性者，剛柔善惡中而已矣。不達，曰：剛善、為義、為直、為斷、為嚴毅、為幹固。惡、為猛、為隘、為彊梁。柔善、為慈、為順、為巽。惡、為懦弱、為無斷、為邪佞。惟中也者，和也，中節也。天下之達道也，聖人之事也。故聖人立教，俾人自易其惡，自至其中而止矣。故先覺覺後覺，闇者求於明，而師道立矣。師道立，則善人多。善人多，則朝廷正而天下治矣。

天下之治，在人。人之善，在教育。教育之善，在能使人自易其惡。人何以有惡？曰：氣質剛柔，稟賦之不能齊，無教育則百病叢生，天下所由大亂。曰：師能與人以善耶？曰否。人之善在性。性，天所命，聖凡平等，惟氣質則人與人殊。性不可移易，而氣質可變化。氣質變化之妙，可使人欲不善者化而爲善。

二千餘年，太平不復見，或偶治而治不長久，皆教育失其樞紐。後世之所謂教育者，第與之以材能技藝而已，不知文之以禮樂，則人與禽獸，相去幾何？且技術巧藝之思既強，爲惡更大，惟能與民立極者，則材能技術，非但不助情爲惡，且助情爲善以立功。

放勳曰：「勞之來之，匡之直之，輔之翼之，使自得之，又從而振德之」註四十二。太平之政教，始自唐虞，唐虞之爲政，禮樂政刑，亦無非使民以自得也。何謂自得？民有性，民自得之，即民性復也。民性復，民之極立也。又從而振德之，一國可承平久長已乎？天下之大，自西自東，自南自北，無思不服。

自孟子道性善，程子謂能擴前聖之所未發註四十三。而繼孟子之後能使性善之學不湮沒於後世者，厥惟周子。

此章說爲師之道甚精，爲本書四十章治國之關鍵所在，而要旨不外與民立極，極立性復。故通書乃發明太極圖與太極圖說未能盡至之意也。

註四十二　原文出孟子滕文公上。

註四十三　見朱熹四書集注滕文公章句上首篇末段：「愚按孟子之言性善，始見於此……其所以擴前聖之所未發，而有功於聖人之門，程子之言，信矣」。

幸第八

人之生，不幸不聞過。大不幸、無恥。必有恥、則可教，聞過、則可賢。

羞惡之心，人皆有之[註四十四]，何爲而無恥也？曰：師道不立，風俗敗壞久矣。使人有恥，其道安在？中庸曰：「其次致曲，曲能有誠」[註四十五]。曲，人之恥所在處也。有以致之，恥乃生也。

顏子稱夫子循循然善誘人[註四十六]。善誘，殆亦善發人之恥也。

伊川解釋坎卦尊簋貳，納約自牖[註四十七]。謂約之爲善，在從牖。牖，室之明也。象坎之陽，藏於內也。自明處納之，亦自其有恥處以施教也。

夫人之恥，良心之所感動也。其爲動，殆如火始然，如泉始達，有不能自止，不爲聖賢

註四十四 孟子公孫丑上，人皆有不忍人之心章：「無羞惡之心，非人也」。

註四十五 見四書集注中庸第二十三章。

註四十六 見四書集注論語子罕第九。

註四十七 見近思錄卷十政事類。

而不可得。盛世閭里鄉黨皆有師，「兔罝野人，公侯腹心」註四十八，「江漢游女，不可求思」註四十九。文王之世善人多，文王殆亦善於發民心之恥而已。

此章繼師言幸，欲爲師者，有以發人之恥，則人人可以自易其惡。

思第九

洪範曰：思曰睿，睿作聖。無思、本也。思通、用也。幾動於彼，誠動於此，無思而無不通、為聖人。不思則不能通微，不睿則不能無不通。是則無不通、生於通微。通微、生於思。故思者、聖功之本，而吉凶之機也。易曰：「君子見幾而作，不俟終日」。又曰：「知幾其神乎」。

心之官則思，思則得之，思約其心，以窮至其理之謂也。窮之至，則睿生。睿生則理一於我心，而萬物之所以然，皆備於我。窮之至，物之根源見，則我之心亦抵於無思，無慮，

註四十八　見毛詩國風兔罝章。
註四十九　見毛詩國風漢廣章。

而無一物存於中，所謂通於微者，至此而微矣。所謂見幾知幾者，至此而萬事萬物之幾，皆可見可知也。

中庸言學有二：一者自誠明，謂之性。何謂誠？本書首章言萬物資始，誠之源也。誠能生明者，誠則自性見，故曰謂之性。性見，萬事萬物之理，無不賅於吾性之中，乾元所以統天也[註五十]。一者自明誠，謂之教。此言明聖人詩書禮樂之理，此理見，則吾天命之性亦見。聖人修道之謂教，亦不外吾人之性也。學從誠入，功速，特患誠之不得法。從明入，功穩，特患求明不在聖人之所教。

此章言用、生於體，立體之初工、在思。

志學第十

聖希天，賢希聖，士希賢。伊尹、顏淵，大賢也。伊尹恥其君不為堯舜，一夫不得其所，若撻於市。顏淵不遷怒，不貳過，三月不違仁。志伊尹之所志。學顏子之所學。過、則聖，及、

註五十　周易乾卦　曰：「大哉乾元，萬物資始，乃統天」。

則賢，不及、則亦不失於令名。

學由志成，志以學顯。無顏子之學，不能成伊尹之志。無伊尹之志，不能見顏子之學。文以相對成之，著功烈之澤民者，必有真學問。學問之真者，必先能化一己之氣質。若顏子遷怒貳過，則顏子之氣質未化也。若伊尹無顏子之學，莘野之耕，心在駟馬，則伊尹覺民自任之大志，必不能立也。

說者謂希聖希賢，有前言往行。若聖希天，天不言，從何處希之？曰：希天之所以生物而已。中庸曰：「其爲物不貳，則其生物不測」註五十一。天之生物，由天能爲物不貳。物之生不測，出於天之不貳。不貳之物，天之誠也，即無極也。聖，誠而已。誠之一字，聖人之天也。即聖人之無極也。

賢希聖，士希賢，亦即聖賢之言，無處不有天在，我希之，我亦天，我亦能聖人也。

此章承上三章，言爲學在從真處著手。

註五十一　見中庸第二十六章。

順化第十一

天以陽生萬物，以陰成萬物。生，仁也。成，義也。故聖人在上，以仁育萬物，以義正萬民。天道行，而萬物順，聖德修，而萬民化。大順大化，不見其迹，莫知其然之謂神。故天下之衆，本在一人，道豈遠乎哉！術豈多乎哉！

聖知天以知人，聖爲政之大原，悉從天出，所謂繼天以立極也。後世見聖人爲政能致太平，而不知其爲政之所本，則一切措施，適以殃民而造亂。聖人定之以中正仁義而主靜，仁即天之陽，義即天之陰。仁義在民，爲民所固有，聖人原之於天乎？原之於民也。

仁與義之根在天，天既與之於民，聖人因而復之於民，聖人於民無所加，聖人之爲道也逸，故曰順曰化，而民之於聖人而能有者實本於天，故曰神。詩曰：「牖民孔易，無自立辟」[註五十二]，爲政宜法天也。又曰：「不識不知，順帝之則」[註五十三]，太平之民，民不失所性也。

註五十二　毛詩大雅板章，見古注十三經毛詩卷十七、十七頁。
註五十三　毛詩大雅皇矣章，見古注十三經毛詩卷十六、十三頁。

後世不承平，政與聖人殊，與民性殊也。不知民各有天也，不得乎民，不得乎天也。順天者存，逆天者亡。

此章明聖人立政之善，爲術不多，在法天。

治第十二

十室之邑，人提耳而教且不及。況天下之廣，兆民之眾哉！曰純其心而已矣。仁義禮智四者，動靜言貌視聽無違之謂純。心純則賢才輔，賢才輔，則天下治。純心要矣！用賢急矣！

以五常之道徧覆天下，不患其不能行也。患行道之人，未能主靜以立極，而道實有諸已，則心之所發，必爲賤惡哀矜而辟[註五十四]。

動靜言貌視聽數事，無違於仁義禮智信，非主靜早有功夫，不能出之裕如也。

賢才之來，「雲從龍，風從虎，聖人作，而萬物覩」也[註五十五]。有以召之，則契合無間，

註五十四　文意見大學第八章釋修身齊家。

註五十五　原文出周易乾卦文言，見古注十三經周易卷一第三頁。

而後賢者願立於朝，而賢者之道，可以治天下。尙書洪範次二曰敬用五事，千古爲政之大綱所在，其言精不可移易。箕子之能言，武王早知箕子之抱道在身也。

通書首誠，誠立而後五常有本，本立而後可敷政優游。尙書洪範建用皇極，極立而後有福，福可敷厥庶民。

此章言爲政在人，取人以身，修身以道之旨。太極圖，誠群經綱要之所在也。

禮樂第十三

禮，理也。樂，和也。陰陽理，而後和。君君，臣臣，父父，子子，兄兄，夫夫，婦婦，萬物各得其理，然後和。故禮先而樂後。

本章以禮樂次治，治微禮樂，無以與民復性，先王之政，亦無以推行於天下。聖人定以中正仁義而主靜，其經綸之大，亦全賴禮樂而後可以貫通於人民也。禮先而樂後，非謂爲政可先禮而樂可後也，謂一代之樂，有一代之音，先王治定功成，用當代之氣，製之於樂，以告神明之樂也。

如孔子謂韶盡美盡善，謂武盡美未盡善[註五十六]。原武之時，天下猶未平，不及舜之時，天下已大治，其未盡善，亦非謂武時樂工之製器未精也，謂黃鐘所候之氣，武之時尚未和，故未盡善也。天地之氣不自和，和出於政治，氣盡和，則樂音所得者亦盡善。

論教育用樂，周禮大宗伯「以禮樂合天地之化，百物之產，以事鬼神，以諧萬民，以致百物」[註五十七]。及師徒所用「六代之樂」[註五十八]，與孔子所言「興於詩，立於禮，成於樂」[註五十九]。則但取古製定樂以用之，合禮以爲演習，假樂之器，以取天地之氣，以和人間之氣，三才一貫，聖人立教可旋乾轉坤者，視此。

用樂以驗天地之氣和否，則但以今日之氣和否，則但以今日之氣，製今之樂。法取冬至子正之氣，以定黃鐘[註六十]。樂成而來歲四時八節寒溫災祥，皆可於樂音驗出。原一歲之氣，

註五十六　語意見論語八佾第三。

註五十七　文出周禮宗伯禮官之職，見古注十三經周禮卷十八，宗伯禮官之職第九頁。

註五十八　周禮司徒教官之職，以六樂防萬民之情，而教之和。鄭注：「鄭司農云：六樂謂雲門、咸池、大韶、大夏、大濩、大武」。見古注十三經周禮卷十第八頁。

註五十九　見論語泰伯第八篇。

註六十　取鳳簫黃鐘管於冬至候氣定律之法，清邱穀士著有「律音彙考」一書，家大人云：前湖南瀏陽

均先孕育於冬至子前，果樂音不和，人君必改行修德，以美其政教。

務實第十四

實勝，善也。名勝，恥也。故君子進德修業，孳孳不息，務實勝也。德業有未著，則恐恐然畏人知，遠恥也。小人則偽而已。故曰：君子日休，小人日憂。

實何？實之至，人無念雜出於心，其人誠至也。誠至，太極立也。中庸重言誠，朱子訓誠為真實無妄，何為真實？心一念不生也。何為無妄？心不逐物而憧憧往來也。功用到，好名之心自去，作偽之念自消。無他，作偽之惡根化，則善者自植。

孔子於乾九三之君子[註六十一]，贊其能進德修業，而贊之以終日乾乾者，用乾道變化，以正性命也。夕惕若厲者，恥生恐恐然畏人知，德業有未著也。作德日休，君子之休，從此可取

禮樂局存有此書。

註六十一　見古注十三經周易卷一第二、三頁。

之不盡，用之不竭。

此章即乾九三之大義，繼禮樂以立言，禮樂之爲用，即能使人日孳孳而務實勝也。

愛敬第十五

有善不及，曰：不及則學焉。問曰：有不善，曰：不善，則告之不善。且勸曰：庶幾有改乎！斯為君子。有善一，不善二，則學其一，而勸其二。有語曰：斯人有是之不善，非大惡也。則曰孰無過，焉知其不能改，改則為君子矣。不改為惡，惡者天惡之，彼豈無畏耶！烏知其不能改，故君子悉有眾善，無弗愛且敬焉。

愛敬施於人，能使人無弗善者，愛敬發於性，行於情，不責善於人，人受我愛敬，人亦將愛敬於我，不我秦越也。易咸彖曰：「天地感，而萬物化生，聖人感人心而天下和平。觀其所感，而天地萬物之情可見」註六十二。何爲感？在天地即無極之真，二五之精，妙合而凝也。孟子曰：「至誠而不動者，未之有也，不誠未有能動者也」註六十三。誠即聖人之所以爲感，聖人之所以無勿愛敬，誠可動天下人，以無弗善，無弗能自立極也。人極立，太和翔洽，國可長治久安。

孟子曰：「舜與人爲善，樂取於人以爲善」註六十四。舜之樂取，舜之於人愛敬也。人各有善，愚夫愚婦，與知與能，舜但取之以同至其樂也。推之「五典克從，百揆時敘，四門穆穆」，舜悉有天下之善，謂舜皆出自愛敬之心所爲，亦無不可。孟子曰：「堯舜與人同耳」註六十五，人性本與堯舜同也。無爲之以愛敬，雖生來堯舜，亦可漸入歧途，白沙在泥，與之俱黑；有善爲之以愛敬，則已爲盜賊，亦可漸化爲堯舜。蓬生麻中，不扶自直。人不能爲堯舜，人失所性也。抑知我不愛敬，我亦失所性乎？

註六十二　見古注十三經周易卷四第一頁。
註六十三　孟子離婁上誠身章。
註六十四　孟子公孫丑上，子路人告之有過則喜章。
註六十五　見孟子離婁下第三十二章。

大學曰：「唯仁人爲能愛人」[註六十六]。人極立，乃能精於所用，聖人「有教無類」[註六十七]，「老安少懷」[註六十八]，悉從愛敬二字發出。

動靜第十六

動而無靜，靜而無動，物也。動而無動，靜而無靜，神也。動而無動，靜而無靜，非不動不靜也。物、則不通，神、妙萬物。水陰根陽，火陽根陰，五行陰陽，陰陽太極，四時運行，萬物終始，混兮闢兮，其無窮兮。

有所主，同於天，異於物，人之極也。有所用於世，無動與靜之分。人之神也。人但見聖人制禮作樂，政教修明，焉知聖人之動也，悉有不動者在，而後能領群生以共善於動中之

註六十六　見大學第十章。
註六十七　見論語衛靈公第十五篇。
註六十八　原文出論語公治長第五篇。

不動。

水陰根陽，火陽根陰。水火，物也。根，物之伏者也。物之有根，獨水火為然乎？四時運行，皆由根也。根何？陰陽也。陰陽，太極也。太極天獨有之乎？

易繫辭曰：「一陰一陽之謂道，繼之者，善也，成之者，性也」[註六十九]。繼善，人善天地陰陽之所為，人妙其道於其根而合之也。成之者，性也。

成性，乾道變化，二五之精，妙合而凝，可使天地之陰陽，與人之陰陽，以無窮極。凝，先天地而不見其始，後天地而不見其終。

太極圖說，無極之真，即至誠之實也。通書誠之實，無極之用，不僅成己而已，混闢無窮，人極與天以無窮也。

此章言盡人與天無極而太極之功用。

樂上第十七

古者聖王制禮法，修教化，三綱正，九疇敘，百姓太和，萬物

註六十九　見古注十三經周易繫辭上卷七第三頁。

咸若。仍作樂以宣八風之氣，以平天下之情。故樂聲淡而不傷，和而不淫。入其耳，感其心，莫不淡且和焉。淡則欲心平，和則躁心釋。優柔平中，德之盛也。天下化中，治之至也。是謂道配天地，古之極也。後世禮法不修，政刑苛紊，縱欲敗度，下民困苦。謂古樂不足聽也，代變新聲，妖淫愁怨，導欲增悲，不能自止。故有賊君棄父，輕生敗倫，不可禁者矣！嗚呼！樂者、古以平心，今以助欲；古以宣化，今以長怨。不復古禮，不變今樂，而欲至治者遠矣。

此章首十三句，原聖王之樂所由美，美有所自來也。次八句，原聖王之樂，爲用所由大。樂何可失傳也。次十二句，原樂音失，世乃因之而亂。末七句，言挽回世運，有所在也。

周子慨後世爲政，不識民生性善，而禮樂之倡導爲尤甚。禮崩樂壞，於是天命之性，不克爲情作主，情乃發而不能中節，彌天大惡，皆從此產出。天下化中，治之至也，而化之之功夫，讀者要思前王從何處著手。

樂中第十八

樂者，本乎政也。政善民安，則天下之心和。故聖人作樂，以宣暢其和心，達於天地，天地之氣感而太和焉。天地和，則萬物順。故神祇格，鳥獸馴。

政既善，民既安，先王何用作樂爲?曰：使天地正氣，長在人間，則世可長治久安。毛詩序曰：「鹿鳴廢，則和樂之禮缺矣。四牡廢，則君臣之禮缺矣。皇皇者華廢，兄弟之禮缺矣，伐木廢，而朋友之禮缺矣。小雅盡廢，則四夷侵」註七十。所廢非僅廢詩之詞也。詩有樂音，天地之元氣所寄藏也。樂以和之，禮以行之，三才合之，人可不自亂於天也。禮廢既久，俗樂乃興。樂詞樂音，亦任情自造，移風易俗，莫善於樂，世焉能不亂乎!

樂下第十九

樂聲淡，則聽心平。樂辭善，則歌者慕。故風移而俗易矣。妖

註七十　毛詩小雅六月章小序。見古注十三經，毛詩卷十第五頁。

聲艷辭之化也、亦然。

樂聲正，人間之氣，亦因而正。「聖人感人心，而天下和平」註七十一。樂辭善，音寄於辭，「詩三百，一言以蔽之，曰：思無邪」註七十二。治國用盡美盡善之樂以教民，則民可盡化。樂有古今之分，古引人之情以入性，今多誘人之情以遠離性。

聖學第二十

聖可學乎？曰：可。曰：有要乎？曰：有。請問焉？曰：一為要。一者，無欲也。無欲，則靜虛動直。靜虛，則明。明，則通。動直，則公。公，則溥。明通公溥，庶矣乎。

靜虛，即中庸未發之中，大學之止於至善。動直，即中庸發而皆中節，大學能慮能得之所本。人不難動不直，所難靜不虛。人不難不公明，所難爲明爲公之本不具。老子曰：「天

註七十一　周易咸卦　辭。見古注十三經周易四第一頁。

註七十二　見論語爲政第二。

得一以清，地得一以寧，人得一以神」註七十三。一者，即無極也。周子繼往聖之大功，全在主靜。主靜之功夫，即此一也。

此章次樂，樂之至，其印於心感於身，能使人由靜以入於一而已。

公明第二十一

公於己者，公於人。未有不公於己，而能公於人也。明不至則疑生，明無疑也。謂能疑也。謂能疑為明，何啻千里。

公與明有本，本不在外而在內也。私欲盡淨，心乃公乃明也。無極之真，二五之精，妙合而凝也。天之道，人得之，人乃公乃明也。

不明，公無由以推行；不公，明無由以廣大。此章故合言之。

註七十三　老子道德經第三十九章。

理性命第二十二

厥彰厥微，匪靈弗瑩，剛善剛惡。柔亦如之，中焉止矣。二氣五行，化生萬物。五殊二實，二本則一。是為萬一，一實萬分，萬一各正，小大有定。

彰出於微，莫現乎隱，莫顯乎微也。瑩生於靈，充實有光輝，瑩不求而自出也。靈何？性所出也。性無物可加入，何法使之瑩？曰瑩者，瑩其氣質也。質之有剛有柔，使之中而無惡。瑩之至，人類盡善，無所謂善惡之分也。

「中焉止」，止非他人所代，功到至微，而惡自去，五行二氣，發生變化之功也。此中也，即未發之中也。其止也，惡之根去也。

「二氣」，一陰一陽也。

「二本則一」，一者，太極也。「一實」者，太極本無極也。「萬分」者，萬之中同分有此一也。「各正」，即萬物於所含之一無不一也。一自何來？二五之精，妙合而凝也。「大小」，形也。「有定」，「乾道變化，各正性命」註七十四，有定之實，「萬物並育而不相害，道並行而不相悖。小德川流，大德敦化，此天地之所以爲大也」註七十五。理也，性也，命也。三事都可由一以致之，理居先，窮理則可盡性，性盡則可知天地之所以爲命。

「不知命，無以爲君子」註七十六。孔子「四十而不惑，五十而知天命」註七十七，孟子養浩然之氣註七十八，養氣，即養天之所以爲命也。孟子言學，從氣入手。中庸修未發之中，從情入手。

此章論爲學，要以理明性見爲歸宿。

顏子第二十三

顏子一簞食，一瓢飲，在陋巷，人不堪其憂，而不改其樂。夫富貴，人所愛也。顏子不愛不求，而樂乎貧者，獨何心哉？天

註七十四　周易上經，乾卦，孔子　辭。

註七十五　見中庸第三十章。

註七十六　見論語堯曰第二十末章。

註七十七　見論語爲政第二。

註七十八　孟子公孫丑上、四十不動心章。

地間有至貴至富可愛可求，而異乎彼者，見其大而忘其小焉爾。見其大，則心泰。心泰，則無不足。無不足，則富貴貧賤處之一也。處之一，則能化而齊。故顏子亞聖。

顏子之功夫，孔子賢之於簞瓢陋巷。顏子之所樂，即在簞瓢陋巷耶？微夫子殆亦不能知之，即顏子亦應不自知其有樂也。無他，聖賢之所學，見性而已。孟子曰：「中天下而立，定四海之民，君子樂之，所性不存焉。君子所性，雖大行不加焉，雖窮居不損焉，分定故也」註七十九分定，本身具足之性見也。自性見，以之處事，乃能化而齊，中有所以爲樂者在也。「見其大，則心泰」，此見字之學問，有自內生，有自外入。顏子「三月不違仁」註八十，「回也，其庶乎，屢空」註八十一。顏子之見大，從內生者也。足於內，而後有以空於外也。濂溪先生教二程子爲學，曰「尋孔顏之樂處」註八十二。子曰：「賜也，女以予爲多學而識之者與？

註七十九　孟子盡心章句上。
註八十　見論語雍也第六，子曰：「回也，其心三月不違仁……。」
註八十一　見論語先進第十一。
註八十二　見周濂溪全集卷之九。

曰：『然』。曰：『非也，予一以貫之』」[註八十三]。皆教人於內有以自見也。

至於朱子解大學首章「格物」爲「窮至事物之理，欲其極處，無不到也」[註八十四]。此爲「自明誠謂之教」之法[註八十五]，「誠身有道，不明乎善，不誠乎身矣」[註八十六]。聖王禮樂制度文爲之設，皆引人從外以入於內也。

總觀聖賢教人，都是要做到外物之奉吾身者，我無美惡好惡之區別，而後我所得於內者足，而後可以有爲於天下者大。

此章亦上章靈至瑩生之效驗。

師友上第二十四

天地間至尊者道，至貴者德而已矣。至難得者人，人而至難得者，道德有於身而已矣。求人至難得者有於身，非師友則不可

註八十三　論語衛靈公第十五。

註八十四　見四語集注大學首章註解。

註八十五　見中庸第二十一章

註八十六　見中庸第二十章。

得也已。

師友下第二十五

道義者，身有之則貴且尊。人生而蒙，長無師友則愚，是道義由師友有之，而得貴且尊，其義不亦重乎，其聚不亦樂乎。

二章繼顏子以求師友言。顏子之樂，非孔子「循循然善誘人」註八十七，不能得也。孔子之所言，在性與天道，非子貢言不可得而聞註八十八，同門亦不知向此中探求也。天地生我，父母育我，師友成我。周子於顏子章後而重以師友言之，寄懷於有教育之責，不可使顏子之所樂者失所傳也。

過第二十六

仲由喜聞過，令名無窮焉。今人有過，不喜人規。如獲疾而忌

註八十七　見論語子罕第九。
註八十八　見論語子罕第九。

醫，寧滅其身而無悟也。噫！

不喜聞過有由來，教失其道，中正仁義之說，不聞久矣。仲由有孔子爲師，有同學三千，平時所學，博文約禮，皆主靜之功夫也。聞過知改，當不獨一仲由，特仲由聞而能喜註八十九，勇於去過，則去顏子之不貳過，爲期不遠矣。

此章繼上二章，惟師友能爲人去過，能使人樂聞過，過去，則人人可登聖域賢關。

勢第二十七

天下，勢而已矣。勢，輕重也。極重不可反，識其重而亟反之可也。反之，力也。識不早，力不易也。力而不競，天也。不識不力，人也。天乎，人也何尤。

天下本無不可反之勢，特患反之識之，不早有其人，勢之所由愈重，重非天也，禮樂敗壞，師道喪亡，一二人賢人，在下位而無輔，徒抱救世之心，於事無補，爲今之計，反之之

註八十九　見孟子公孫丑章句上。孟子曰：「子路人告之有過，則喜」。

道，在教育。教何？人倫也。棄經書不讀，將焉求之？

本章繼過言勢，大凡識之早者，命世之英，其人皆改過勿吝。

文辭第二十八

文所以載道也。輪轅飾而人弗庸，徒飾也。況虛車乎？文辭，藝也。道德，實也。篤其實，而藝者書之，美則愛，愛則傳焉。賢者得以學而至之，是為教。故曰：言之無文，行之不遠[註九十]。然不賢者，雖父兄臨之，師保勉之，不學也，強之不從也。不知務道德，而第以文辭為能者，藝焉而已。噫！弊也久矣。

世賴有六經，而後世雖衰，人猶回天有術。文固天所不廢也，然害道之文，世愈亂，文愈多，妖聲淫辭，聽者反樂此不疲。世亂多文耶？文辭亂世耶？世至此賢父兄師保，亦難與害道之文爲敵，不學不從，有由來也。別有所學有所從也。

註九十　見古注十三經，相臺本、永懷堂本，左傳襄公卷十七，第二六四頁。仲尼曰：「志有之，言以足志，文以足言，不言誰知其志，言之無文，行而不遠……」。

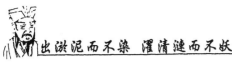

王陽明曰：「始皇焚書得罪，是出於私意，又不合焚六經，若當時志在明道，其諸反經叛理之說，悉取而焚之，亦正暗合刪述之意」註九十一。不賢者之不學，非不能學，導之者無方，聖人有教無類，導之以主靜立極，禮樂興，風俗純，則天下永無不善之人。

聖蘊第二十九

「不憤不啟，不悱不發，舉一隅不以三隅反，則不復也」註九十二。子曰：「予欲無言，天何言哉，四時行焉，百物生焉」註九十三。然則聖人之蘊，微顏子殆不可見。發聖人之蘊，教萬世無窮者，顏子也。聖同天，不亦深乎！常人有一聞知，恐人不速知其有也，急人知而名也，薄亦甚矣。

聖人之教，聖人之蘊。聖人之蘊，非人人之蘊也乎！聖人之啓之發之，聖人以蘊導人，

註九十一 見王文成公全書，四部叢刊初編集部，上海商務印書館縮印明隆慶刊本，卷之一語錄傳習錄上第六一頁。

註九十二 四句見論語述而第七，子曰：不憤不啓……。

註九十三 四句見論語陽貨第十七。

憤之悱之，人亦以所得於蘊者，叩聖人也。惟蘊教思無窮，聖人以蘊引人以自尋所蘊。凡人亦由聖人所示之蘊而各得所蘊。蘊也者，千古為學所由分真偽，非此蘊則流入異端，而其人皆害世之人也。天不言，天之蘊也。百物生，天生之以蘊也。

顏子在聖門能發聖人之蘊以自成其蘊，後人讀聖人書，亦能發聖人之蘊，則天下不僅一顏子可獨美於前，此聖人修道之教之最精者在此一蘊字。推之禮樂政刑，人得之而皆有率循之道，而世代賴以承平。聖人制作文為，亦無非啓之發之，使人有以推入人人之蘊而已。

此章次文辭立言，去文辭之蔽，在窮聖人之蘊。蘊何？人之無極也。

精蘊第三十

聖人之精，畫卦以示。聖人之蘊，因卦以發。卦不畫，聖人之精不可得而見。微卦、聖人之蘊，殆不可悉得而聞。易何止五經之源，其天地鬼神之奧乎。

周子畫太極圖，示造物之精蘊所在。又為太極圖說，示聖人與民立極，其精蘊出自天。太極圖、太極圖說與通書，與易之蘊，一也。後之人善於讀易者，但求聖人之精蘊，易之精蘊，不僅欲人之知而已，乃欲人不違天，而能以天之精蘊，有之於己也。六十四卦，周公大象，言君子以，先王以註九十四。以者，易之有，天之有，我可有之，我可與人以共有之。易道行，天下平也。不然，四人聖之書，陳迹也。何用後人讀爲？

求聖人之精蘊，始求之於書，終求之於身。如此以爲求則得之矣。孟子曰：「萬物皆備於我，反身而誠，樂莫大焉」註九十五。反身之法，即主靜立極之功夫也。極立，「宇宙在乎手，萬化生乎身」註九十六。我身誠，天地鬼神之根源，不在易而在我。故曰：「誠者，天之道也」註九十七。天在我，我且可位天地，育萬物，我與聖人同。孟子曰：「聖人先得我心之所同然」註九十八。

註九十四　例如易乾卦，象曰：「天行健，君子以自強不息」。復卦，象曰：「雷在地中，復先王以至日閉關，商旅不行，后不省方」。

註九十五　見孟子盡心章句上。

註九十六　二句見陰符經上篇。

註九十七　見中庸第二十章。

註九十八　見孟子告子章句上，富歲子弟多賴章。

乾損益動第三十一

君子乾乾不息於誠[註九十九]。然必懲忿窒欲[註一〇〇]，遷善改過而後至。乾之用，其善是。損益之大莫是過。聖人之旨深哉。吉凶悔吝生乎動[註一〇一]。噫！吉一而已，動可不慎乎！

人囿於惡，無以至於誠，有善不能遷，有過不能改，忿與欲，未懲未窒之故也。君子乾乾不息於誠，君子之忿也，於忿至而懲之乎！君子之欲也，於欲來而窒之乎！孔子曰：「乾道變化，各正性命，保合太和，乃利貞」[註一〇二]。忿與欲有根，除其根，惟用乾之道也。忿欲，陰也。其爲忿欲，情之動也。

陰性從陽，坤乃順承天，惟陽可制化也。故曰乾之用，其善是。君子至此，猶終日乾乾

註九十九　周易乾卦九三，「君子終日乾乾」。又象曰：「天行健，君子以自強不息」。

註一〇〇　周易損卦，象曰：「山下有澤損，君子以懲忿窒欲」。

註一〇一　周易繫辭下第八，見古注十三經，周易卷八第一頁。

註一〇二　周易乾卦　辭。

耶。損耶，君子不知其爲損也，忿欲之除也久矣。益耶，君子不覺其爲益也，善自至也。君子但日日乾乾不息於誠而已。

次益於損[註一〇三]，益出於損。次動於損益，次損益於乾，損與益，非乾不爲功，動也，故在乾損益之後。功夫要以乾修成，人乃於動獲實用，凶悔吝不生。

家人睽復　妄第三十二

治天下有本，身之謂也。治天下有則，家之謂也。本必端，端本，誠心而已矣。則必善，善則和親而已矣。家難而天下易，家親而天下疏也。家人離[註一〇四]，必起於婦人，故睽次家人[註一〇五]，以二女同居，而志不同行也。堯所以釐降二女於嬀汭[註一〇六]，舜

註一〇三　益，損均易經卦名。
註一〇四　家人，易經卦名。
註一〇五　睽，易經卦名。
註一〇六　見尚書堯典。

可禪乎？吾茲試矣。是治天下觀於家，治家觀於身而已矣。身端，心誠之謂也。誠心復其不善之動而已矣。不善之動，妄也。妄復[註一〇七]，則无妄矣。无妄[註一〇八]，則誠矣。故无妄次復。而曰先王以茂對時育萬物[註一〇九]、深哉。

此章盡大學之道而悉有之。首家人，治國先齊其家也，「其家不可教，而能教人者無之」[註一一〇]。次睽，「之子于歸，宜其家人，宜其家人，而後可以教國人」[註一一一]。次復，「復見天地之心」[註一一二]，天地之心見，而後明德以明也。次无妄，「意誠而后心正」，「物格而后知至也」[註一一三]。

註一〇七　復，易經卦名。

註一〇八　无妄，易經卦名。

註一〇九　周易无妄，象曰：天下雷行，物與无妄，先王以茂對時育萬物。

註一一〇　語出大學第九章釋齊家治國。

註一一一　語出大學第九章釋齊家治國。

註一一二　周易復卦，孔子　辭。

註一一三　二句均見大學首章。

四卦之中，功夫以无妄爲始，復爲歸。先生以茂對時育萬物，非復不能產生。一復，則天下之大，可以無事，而何有家人之睽。學者惟就復卦，思如何而可出入无咎？思如何而天行？思如何而後剛長？至見天心一節，可不求見而自見。見者，天來見我也，求則或不可見也。先王以茂對時育萬物，先王之所以者，先王之天也。先王之天，先王之無極也。

富貴第三十三

君子以道充為貴，身安為富。故常泰無不足，而銖視軒冕，塵視金玉，其重無加焉爾。

黃山谷曰：「周茂叔人品甚高，胸中灑落，如光風霽月」。又曰：「短於取名而銳於求志，薄於徼福而厚於得民，菲於奉身而燕及煢嫠，陋於希世而尙友千古」註一一四。通書極盡太極之蘊，太極之蘊，濂溪先生深造而自得也，故能摹寫出來。

陋第三十四

註一一四　見周濂溪集、卷九，黃庭堅題濂溪詞。

聖人之道，入乎耳，存乎心，蘊之為德行，行之為事業。彼以文辭而已者，陋矣。

道，何物也？僅聖人有之耶？聖人之道，即人人之道，而人不與聖人以有其德行與其事業者，何故？平時入乎耳存乎心，不盡聖人之道，不聞聖人之道，故人不盡聖人也。中庸曰：「率性之謂道」註一一五。道，人之性也。人之性，天所命也。天不私於聖人也，人何以無其道耶？

故失道在人，聖人知之，繼天以為人立修道之教註一一六。修何？修之以中正仁義而主靜也。聖人之教行，天下可太平。聖人之教失，失其所修者，徒事文辭而已，是不知聖人文辭之中有道也。

擬議第三十五

此章示人於文辭中，不可不尋道，而文辭之非道者，更不可入乎耳存乎心也。

註一一五　中庸首章第二句。

註一一六　中庸首章第三句。

至誠則動，動則變，變則化。故曰「擬之而後善，議之而後動，擬議以成其變化」註一一七。

變化者，惡化爲善，亂化爲治。擬議者，法天之無極以立人極也。人極立，人之道即天之道也。羲、文、周、孔之易，皆以擬議而成，故能範圍天下萬事萬物而不過。非擬議於天下萬事萬物也，一己之極，即天下萬事萬物之極也。易之爲善，開天下萬世擬議之大法。

孔子之言，人多不察，周子乃爲太極圖與太極圖說，示以擬議而成之也。亦欲明聖人之所爲擬議也。「禮儀三百，威儀三千」註一一八，聖人制之以爲萬世法，亦即擬之議之，以與民立極也。老子曰：「大制不割」註一一九。聖人之擬議，不傷民性也。傷則割也。

「易窮則變，變則通，通則久」註一二〇。窮者，民將離於性也。通者，復所性也。而變通之中，必有所主而不變者在，然後變通可由以久，世賴以治。大學言慮而后能有得。慮即擬議也。有得之慮，由於明德已明。明德已明，即其人極已立也。後世動愈多，而世愈亂，乃

註一一七　見古注十三經周易繫辭上卷七第五頁。
註一一八　見老子道德經第二十八章。
註一一九　見老子道德經第二十八章。
註一二〇　見周易繫辭下，卷八第二頁。

因動不出於誠也。其爲擬議亦離於極也，何可勝言。

刑第三十六

天以春生萬物，止之以秋。物之生也，既成矣，不止則過焉。故得秋以成，聖人之法天，以政養萬民，肅之以刑。民之盛也，欲動情勝，利害相攻，不止則賊滅無倫焉，故得刑以治。情僞微曖，其變千秋，苟非中正明達果斷者，不能治也。訟卦曰：「利見大人，以剛得中也」註一二一。噬嗑曰：「利用獄，以動而明也」註一二二。嗚呼！天下之廣，主刑者民之司命也，任用可不愼乎。

或曰：「道之以德，齊之以禮」註一二三，國可不刑而治矣。第十三章明禮樂，十七、十八、十九三章，備言樂可移風易俗，而召太和。此章猶以刑言者，何也？曰明刑以弼教，刑明則

註一二一　訟卦、孔子　辭。見古注十三經周易卷一，第十一頁。

註一二二　噬嗑卦、孔子　辭。見古注十三經周易卷三、第一頁。

註一二三　論語爲政第二。

可刑期無刑也。孝經曰：「五刑之屬三千，其罪莫大於不孝」註一二四。

夫古之立刑也有本，其本在能弼教。而教也者，在能與民立極而已。用刑在求中正明達果斷之人，非求其能聽訟而已也。求能得民如何而失所極，如何而欲動情勝，可復之於極而已矣。

聖人定之以中正仁義而主靜，聖人與天地合其德者，主靜而能靜極，則欲不妄動，而情化矣，化即天止之以秋也。聖人爲政，教先刑後，教立刑明。教立則治刑之人亦易得也。

公第三十七

聖人之道，至公而已矣。或曰：何謂也？曰：天地至公而已矣。

繼刑而以公言，求治刑之人，要如天地之公也。聖人之刑法天，人無法天之學，何以操聖人之刑？天如何而春以生物以成物？能有天地生物成物之道，則其爲刑也，非以殺人，是代天地以生物成物，刑乃可與天地分功。至公之功夫有之於心，固可應萬事萬物無往而不通也。

註一二四　見古注十三經孝經卷六，五刑章第十一。

二十一章言公明，謂明則公生。此章言公，極之於天地之至公。聖人之道，即天地之道，不難自人而悉有之也。

孔子上第三十八

春秋、正王道，明大法也。孔子為後世王者而修也。亂臣賊子，誅死者於前，所以懼生者於後也。宜乎萬世無窮，王祀夫子，報德報功之無盡焉。

何謂大法？歷代聖人之建設，皆以人人秉受於天命之性者制定之。歷代聖人同述天而不自作也。何謂明？聖人定之以褒貶，合於天命之性而生民者，孔子褒之；離於天命之性以害民者，孔子貶之。本此義讀春秋，春秋之意義，可由以顯。本此義以用春秋，春秋之法，可由此以長明於天下，天下可長慶昇平。

孟子曰：「臣弒其君者有之，子弒其父者有之，孔子懼，作春秋」註一二五。孟子之知春秋，

註一二五　見古注十三經孟子卷六，滕文公章句下。

知孔子之所懼，乃五倫敗壞，滅絕民性，而人極廢也。

武王曰：「惟天陰騭下民」註一二六，民之性，所由騭也。「相協厥居，我不知其彝倫攸敘」註一二七。敘彝倫，虞廷修道之教也。武王之訪，當天下初定，恐立法與民性有未協，欲「考諸三王而不繆，建諸天地而不悖，質諸鬼神而無疑，百世以俟聖人而不惑」註一二八，明之又明也。

昔韓宣子適魯，「見易象與春秋，曰：周禮盡在魯矣，吾今乃知周公之德，與周之所以王」註一二九。宣子以易與春秋，並稱為周禮之所在。夫易明天道，春秋正王法，二者似各為一事，不知王法非天道無以明，周禮非天理無以定。知周公之德之所以王，亦知之可能為萬世立法而已。

中庸曰：「唯天下至誠，唯能經綸天下之大經，立天下之大本，知天地之化育，夫焉有所倚」註一三〇。聖人之法，天地之化育也。聖人之所倚，民之性也。其所以能大者，制之於禮，

註一二六　見古注十三經尚書卷七第一頁，洪範篇。
註一二七　同註一二二。
註一二八　四句見中庸第二十九章。
註一二九　左傳昭公二年春，晉侯使韓宣子來聘。見古注十三經，春秋經傳集解卷二十。
註一三〇　五句見中庸第三十二章。

以與民立極也。有王者起，推闡春秋之大法，俾民能率性而行，則春秋一書，可長爲萬世聖人作修道之教也。

孔子下第三十九

道德高厚，教化無窮，實與天地參而四時同，其惟孔子乎。

孔子之教化，何爲與天地同？曰：孔子之教，乾之元也，民之性也，無極而太極也。聖人之教，從民性起，即從天道立。天道所以久長，天有極以生四時也。如是聖人用天之極以爲民立極，極立，民亦與天同遊不老，千秋萬世，永無禍亂。故聖人之教法天，微天無以生物，微孔子亦無以爲教而育萬民。

蒙艮第四十

童蒙求我，我正果行如筮馬。筮，叩神也。再三則瀆矣。瀆，則不告也。山下出泉，靜而清也。汩則亂，亂不決也。慎哉其惟時中乎。艮其背，背非見也。靜則止，止非為也，為不止矣，

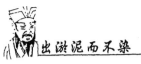

其道也深乎。

四十章終蒙艮[註一三二]，言立誠以立人極，其功夫皆重在從艮入手，以至於蒙也。蒙，物之始生而善者也。童蒙，人之始生而未染於惡者也。此時施教，則教易成也。

正果行喻如筮，筮叩身外之神不可瀆者，我瀆，我神亂，則外神亦因而亂，故不告。叩童蒙身內之神，使童蒙不亂其神，其爲道，一也。

童蒙之善，美之如山下初出之泉，人之性也。汨則亂者，教失其道也。亂其固有之神，偏向情欲之邪以發達也。喻如筮喻如泉，喻與民立極之功夫，要中正而主靜也。

周公文辭，初曰童蒙，初爻爲各爻主，曰發者，擴充其所固有之善性，毋使失也，重視此蒙也。其他包蒙、困蒙、繫蒙、童蒙吉，皆以求其能童蒙，不可陰害此童蒙也。捍外誘，全純真，象曰「山下出泉蒙，君子以果行育德」[註一三三]。以者，以其蒙也。非蒙，行不可果，德不能育也。

註一三二　蒙、艮均易經卦名。

註一三三　周易蒙卦大象辭，見古注十三經周易卷一、第九頁。

曰「蒙以養正，聖功也」[註一三三]。人唯蒙時，具有此中正之全體，善養之，則他日聖凡可平等也。利貞，貞、正也。即利用童時固有之正也。千古聖人立教，皆由於能認識人人同有童蒙之善，故其爲教善，而受其教者亦無不善。孟子曰：「大人者，不失其赤子之心者也」[註一三四]，繼蒙以艮言者，艮、止也。人惟「知止，而后有定，定而后能靜，靜而后能安」[註一三五]，安即安於童蒙也。

後世之言教育者，爲法雖多，而不能啓迪民性以復於善，致社會敗亂，甚者家亡國滅，可不慎哉！

周子以艮次蒙，曰艮止，止無爲也。無爲，即不瀆不汨也。不瀆不汨，童蒙未失者可以保留，已失者可以恢復。以蒙艮終篇，明立人極之道，即蒙艮之道也。蒙艮之道，即聖人定之以中正仁義而主靜之道，亦即定之以艮而至於蒙也。

註一三三　蒙卦　辭，見古注十三經周易卷一、第九頁。
註一三四　二句見孟子離婁章句下。
註一三五　三句見大學首章。

參考書籍

周濂溪先生全集　宋、周敦頤撰
近思錄　宋、朱熹、呂祖謙撰
性理精義　清、聖祖據性理大全選撰
宋元學案　清、黃宗羲撰
周易　十三經注疏
尙書　十三經注疏
周禮　十三經注疏
春秋左氏傳　十三經注疏
詩經　十三經注疏
孝經　十三經注疏
老子本義　周、李耳撰、清、魏源注
大學　四書集注、宋、朱熹注
中庸　四書集注、宋、朱熹注
論語　四書集注、宋、朱熹注
孟子　四書集注、宋、朱熹注
王文成公全書　明、王守仁撰
陰符經　黃帝撰

二、陽明傳習錄釋要

非陽明學說者多矣，先生自謂狂，真狂者耶？人謂先生多談，真空談耶？夫言有所由，學有所歸，非徒以文字取勝於一時也。吾讀先生文，心有所感，而不能自已者久之。先生爲學凡三變。初習靜坐，求實踐聖人之學也。繼說知行合一，實踐已有得於心也。終言良知，實踐之功夫又深也。學者欲求上達，免勞而寡要，切已則功深。陽明先生之言，其可不深加研究耶？茲就傳習錄所記，略事說明，以就正有道。

徐愛問「至善只求諸心：天下之理，有不能盡」先生曰：「心至理也，天下又有心外之事，心外之理乎。……」　此」即是天理。不須外面添一分」。又示鄭朝朔曰：「今扮戲子，扮得許多溫清奉養的儀節是當，亦可謂之至善矣！」註一三六

先生說天理，不須外面添一分，恐學者求天理於身外也。說戲子溫靖奉養不能謂之孝，恐學者以外貌求天理也。至善二字，出於大學，大學言至善，在「知止而后有定，定

註一三六　世界書局陽明傳習錄二頁第一行。

而后能靜，靜而后能安」。定靜安，即去私欲之法也。「安而后能慮，慮而后能得」。慮與得，出於能定能靜能安。心能定靜安，而後明德明，明德即天理也。定靜安，心定靜也，不即天下無心外之事，心外之理耶？先生之學，經學也，處處有實踐之工，非此不能知其言之所在也。

徐愛問知行合一之訓。先生曰：「某嘗說知是行的主意，行是知的功夫，知是行之始，行是知之成，若會得時，只說一箇知，已自有行在；只說一箇行，已自有知在。」註一三七

行出於知，非於知有功夫者，不能有此行也。周易曰：「乾知大始」，大何？天也。惟天惟大，天之大，人何以能知之？孔子曰：「乾道變化，各正性命」。人能以乾道變化其性命。人之性命正，則能有乾之知也。孔子又曰：「乾以易知，易知則有親，有親則有功」。易何？心平易也。親何？心平易，知自生，所知乃與我不須臾離也。有知，即教人以有行之始也。有親，即教人以有其知之終也。孟子曰：「盡其心者，知其性也。知其性，則知天矣」。合一者，人既有此知，而欲其行不一於其知者，不可得也。孟子又曰：「由仁義行，非行仁義也」。中庸曰：「不勉而中，不思而得，從容中道，聖人也」。此皆知行合一之說也。

註一三七　同右二頁倒數第二行及三頁第九行。

徐愛問先生以博文爲約禮功夫。深思之，未能得略，請開示。先生曰：「禮字即是理字，理之發現可見者，謂之文。文之隱微不可見者，謂之理。只是一物，約禮，只是要此心純是一箇天理」。註一三八

天理二字，本人皆有之，人或不自知之，而人又不可一日無此物也。聖人明其故，乃以天理製之於禮。使人日用云為，無處不因禮而有天理，且能使人有之而不自覺，此聖人立教之最精者也。孟子謂「以善養人，而後能服天下」。又曰：「民日遷善，而不知所以為之」。又曰：「所過者化，所存者神也」。先生謂此心要純是一個天理，惟禮可約而至之也。

孔子示顏子，必先之以博文者，文在外，易於實踐也。實踐者，不責人於禮之約，而約可自生。故顏子言「欲罷不能，如有所立，卓爾」。顏子當年只求實踐於禮，其至於約也，亦幾不自知也。故曰如有所立，立即立之於約也。

問仁章孔子示以「非禮勿視，非禮勿聽，非禮勿言，非禮勿動」。亦以禮之文著於外者言之，但教顏子以行之也。未教顏子以約禮，而顏子卒能約禮者，何故？朱子曰：「禮，天理之節文，人事之儀則」。曰儀則者，重實踐也。於禮重實踐，而天理即能

註一三八　同右四頁倒數第三行。

恢復也。先生說禮即理，得聖人制理之精意也。

先生與徐愛，論天下之大亂，由虛文勝而實行衰也。「人出己見，新奇相高，以眩俗取譽，徒以亂天下之聰明，塗塞天下之耳目。使天下靡然爭務修飾文詞，以求知於世，而不復知有敦本尙實反朴還淳之行，是皆著述者有以啓之。」註一三九

此為學不重實踐之病也。或曰孔子述而不作，信而好古。古人之作，孔子之述，非文耶？晚年删詩書，定禮樂，作春秋，非文耶？子曰：「文莫吾猶人也，躬行君子，則吾未之有得」。孔子之於文，凡以為人躬行而言之也。不能實踐者，不言也，躬行即重實踐也。

朱子亦嘗言：「後世書愈多，世愈亂，學者之事愈繁，而心愈惑」。先生又嘗謂，祖龍焚書，不應焚及六經，若取當世有害於人心者焚之，則功亦不後於孔子之删定。時至今日，大道既不知不行，讀至此能不感慨繫之乎。

陸澄問主一之功。如讀書，則一心在讀書上，接客，則一心在接客上，可以爲主乎！先生曰：「好色則一心在好色上，好貨則一心在好貨上，可以爲主乎？是所謂逐物，非主一也。主一

註一三九 同右五頁第十二行。

是專主一箇天理」。註一四〇

按天理即天與人之理，人之天理常實見於外而最大者，莫若父子有親，君臣有義，夫婦有別，長幼有序，朋友有信，五事而已。而人不於此以盡其理者，天未與之以理耶？曰：天既命人以理，又命人以情，而情不從理，則理被情陷害。情，可善可惡之物也。情從理，則情助理，可立大功。「聖人，人倫之至」。情從於理者也。「小人不恥不仁，不畏不義」，情塞於理者也。

主一之功，有初終二說，用功時不雜他念，一之至，即誠之至，功到誠之至，天理自見，此初功也。初工為人生事業上之基礎最關緊要者。初工之實踐，即在不逐物。無事時，無在不是天理。天理不待他求，常自昭著，此終工也。一者，即天理之在也。尚書「惟精惟一」，精此一也。精即主一也。老子曰：「天得一以清，地得一以寧，人得一以神」。得一，即得此天理也。由主一而後有得之。

先生謂孟源有自是好名之病，喻以種嘉穀於大樹下，上面被葉遮覆，下面被樹根盤結，如何生長得成？只要伐去此樹，纖根勿留，方可種植嘉穀。不然，任汝耕耘培壅，只

註一四〇　同右七頁倒數第三行。

是滋養得此大樹之根。註一四一

伐樹去根，即是教從實踐上用功夫。學非實有功夫，根不可除也。孔子曰：「苗而不秀者，有以夫，秀而不實者，有以夫」。佛曰：「應無所住而生其心」。又曰：「照見五蘊皆空，度一切苦厄」。心有住，猶樹之有根也。心之五蘊不空，則一切苦厄，從此生也。照見者，實踐所生之效驗，孟子所謂「充實而有光輝」也。王摩結六祖象贊曰：「無有可捨，是達有源，無空可住，是知本空，離寂非動，乘化用常，在百法而無得，周萬物而不殆」，先生之說，可與佛法溝通之。

陸澄問後世著述之多，恐亦有亂正學。先生曰：「人心天理渾然，聖賢筆之於書，如寫真傳神，不過示人以形狀大略，使之因此而討求其真耳。其神意氣，言笑動止，固有不能傳也。後世著述，是又將聖人所畫，摹倣謄寫，而妄自分析加增，以逞其技，其失真愈遠矣」。

聖賢有聖賢之真，其真不在形式而在精神，精神謂何？孟子曰：「堯舜與人同耳」。又曰：「堯舜，性之也」。其與人同者，堯舜之性也。若以形言，荀子謂「仲尼之狀，面如蒙倛；周公之狀，身如斷菑；皋陶之狀，色如削瓜；　夭之狀，面無見膚；傅說之

註一四一　同右八頁第四行。

狀，身如植鰭；伊尹之狀，面無須麋；聖人之狀，並不美麗姚冶」。然聖人之精神意氣之美，究從何來？尚書堯典之首，記以「曰若稽古」四字，堯之能堯，不在此以有實踐之工夫乎！古何？人之性也。稽古何？孟子曰：「天下之言性也，則故而已」。則故，即稽古也。舜「重華協于帝」，華，光也。重華者，堯「光被四表」，舜之光與堯同，故曰重也。推之詩頌文王「緝熙敬止」。武王「夙夜基命宥密，於緝熙、單厥心，肆其靖之」。皆以光華言也。光華者，一切聖賢之精神所在也乎？推之佛號燃燈古佛。又曰定光佛，其經名法華。莊子名南華經，惟佛之法，與人之南方，能生此華也。凡此皆精神之在也。孟子曰：「充實而有光輝之謂大，大而化之之謂聖，聖而不可知之之謂神」。讀聖賢書，求聖之真者，當於此等處注意。

陸澄問上達功夫。先生曰：「夫目可得見，耳可得聞，口可得言，心可得思者，皆下學也。至於日夜之所息，條達暢茂，人安能預其力哉！故凡可用功，可告語者，皆下學也。上達只在下學裏。凡聖人所說，雖極精微，俱是下學。學者只從下學裏用功，自然上達處，不必別尋一箇上達工夫」。註一四二

尋上達，則反不上達。原實踐之功夫，多一箇尋字，則上達反生障礙也。中庸曰：「其為物不貳，則其生物不測」。不貳，即不別尋一箇上達功夫。生物，即生上達之物也。

註一四二　同右九頁第一行。

不測，即耳目口鼻所不能預算者也。功夫進入於日夜之所息，雨露之所養，牛山之木欲不條達暢茂而不可能，此即上達之實也。說者謂：先生之言，說到此等處，似托之空言矣。然非先生之言，孟子之言也。凡物可見可聞可言，皆自無處來也。世之非先生者，殆如子貢所謂「夫子之牆數仞，不得其門而入，不見宗廟之美，百官之富」夫！

先生說易之辭，是初九潛龍勿用六字。易之象，是初畫。易之變，是值其畫。易之占，是用其辭。註一四三

乾言龍，以物之陽立喻，以氣言也。初，陽之微者也。潛則物不得害，而生長可日盛也。在大學即明德可由此而日明，明之之極，可由此以抵於至善之處也。本卦在田、在淵、在天之龍，皆由此潛創出，不潛不能有此龍也。

先生嘗言：「人之精神道德言動，大率收斂為主，發散是不得已，天地人物皆然」。是即深有得此潛龍之義。

文王乾彖四字，元居首，元之要，在能亨，潛即以成其亨也。亨在大學，即明可明於天下也。陸象山論繫辭九卦次序，復在履謙之下，謙則精神渾收聚於內，不謙則精神渾流散於外。在內則舉錯動作，收藏其精神，則此心而可復得，與先生所說義同。潛之義最大，此六字在他卦初爻，亦可同作如是觀。

註一四三　同右一一二頁第九行。

易之象在初畫者。孔子曰：「初辭疑之，卒成之，終」。初者，像人物之懷胎，猶未有形之候。老子所謂「有物混成，先天地生」是也。疑者，辭難立也。因難立，故設象以像之。像之者，示人知象之所由來，知重其初也。

六十四卦皆有象，象皆從無象中創出。無初，故無象。初者，象之母也夫。陰與陽合時，受何氣，成何象也。其變值其畫者，畫有六，畫之義，有應、有孚、有伏、有中爻、有錯綜，來源不一，值者，畫之形之所生也。占用其辭者，命占之人，先有此氣，蘊於內，外故有以像之，以如其辭也。吉凶悔吝，皆人之氣所生也。總之，易言理言氣言象言數，皆重一初字。

昔陸象山與朱子呂伯恭談及九卦之序，象山亹亹言之，大略謂復是本心復處，如何列在第三卦，而先之以履與謙。蓋履之為卦，上天下澤。人生斯世，須先辨得俯仰乎天地，而有此一身，以達於所履。其所履有得有失，又繫之於謙與不謙之分，謙則精神渾收聚於內，不謙則精神渾流散於外，惟能辨得吾一身所以在天地間，舉錯動作之由，而斂藏其精神。使之在內，而不在外，則此心斯可得而復矣。次之以常固。又次之以損益，又次之以困。蓋本心既復，謹始謹終，曾不少廢，以得其常，而至於堅固，私欲日以消磨而為損，又理日以澄瑩而為益，雖涉危蹈險，所遭多至於困，而此心卓然不動，然後於此心有得，左右逢其源。如鑿井取泉，處處皆是，蓋至於此，則順理而行，無纖毫透漏。如巽風之散，無往不入，雖密房奧室，有一縫一罅，即能入之矣，二公大服。

問朋友觀書，多有摘義晦庵者。先生曰：「是有心求異，即不是。吾說與晦庵時有不同者，爲入門下手處，有毫釐千里之分，不得不辯。然吾之心與晦庵之心，未嘗異也。若其餘文義，解得明當處，如何動得一字」。註一四四

此言或是先生從心坎中流出，非他人所偽造。下手不同處，朱子講學，主先明理，理明一分，學可上達一分，「不踐跡不入室」。在中庸即「自明誠謂之教，明則誠矣」之功夫也。千古以前之聖人，立教如此；千古以後之聖人，立教皆不能不如此也。先生為學，係從「誠則明矣」入手。謂天下古今之理，不外吾心之理。先誠其心，心既誠，則諸書自易讀，亦非如後人謂先生倡棄書於不讀也。

後之是朱非王，是王非朱，皆就其下手處之粗者是之非之，而未就其歸宿處一深觀之也。

本錄之後，附朱子晚年定論，題餘姚王守仁序，謂世傳朱子集註或問諸書，乃其中年未定之說，集朱子與朋友往來信札，朱子引人以反約之功夫，言之最精者，謂是朱子自咎舊註之誤，思改正而未能，弟子欲以此尊師，不知汙朱子即以此薄其師矣。朱子

註一四四　同右一八頁倒數第五行。

信札與所注書前後皆一致。其不一者，因材因時以立言也。答士德之問，亦有此誤，核與先生前後所言，義皆謬戾，故正之。

梁曰孚問窮理何以即是盡性，先生曰：「心之體，性也。性即理也。窮仁之理，真要仁極仁。窮義之理，真要義極義。仁義只是吾性，故窮理即是盡性」。註一四五

人之性，其來自天。中庸曰：「天命之謂性」。天以性命於人，天不言，人從何而知其所以為命乎？必曰不知也，然孔子曰：「不知命，無以為君子」。人為君子命固不可不知也。

易曰：「天地絪縕，萬物化醇」。絪縕，即天之所以為命乎？老子曰：「窈窈冥冥，其中有精，恍恍惚惚，其中有物」。恍惚與窈冥，老子係以人之功夫言之，人法天也。殆即天之所以為命也。六祖曰：「如人飲水，冷暖自知」。又曰：「汝去返照，密在汝邊」。聖人變化氣質之學。全在命字上有功夫。

說卦傳曰：「窮理盡性，以至於命」。此命字，非以氣數之命言，在氣數未生前也。王夫之曰：「天在我，我憑誰，我即與天分伯仲，更誰愁老誰愁稗，矇曈日月花前碎，纔覺骷髏非異類，酣嬌媚」。人有天為命之實在處，實踐之工夫至此，不僅一盡性而

註一四五　同右二二三頁倒數第八行

已。

志道問：荀子云：養心莫善於誠，先儒非之，何也？先生曰：「此亦未可便以爲非，誠字有以工夫說者，誠是心之本體，求復其本體，便是思誠的工夫，……大學欲正其心，先誠其意，荀子之言固多病」。註一四六

按先生於誠字之解釋，已確有認識，誠在中庸原有二說。「誠者，天之道也」，是指人之已能誠者言。「思誠者，人之道也」，是指人求復其誠者言。荀子之言多病者，荀子言君子養心，莫善於誠。此心尚在養之時，不可劇以誠言也。養心是人之道，非天之道也。荀子不識誠者，其著書皆以氣質之性為性，荀子不知性故也。中庸言誠皆以性言之，故字字真切，人人可實踐。荀子言誠，言之於養心時，距誠尚遠。此易所謂差之毫釐，失之千里，退之所謂習焉不精，語焉不詳者也。

孟子曰：「養心莫善於寡欲」。濂溪曰：「寡之又寡，以至於無」。欲之在心，寡且難言，況誠耶？此荀子於實踐上之工夫，確猶有未至也。

馬子莘問修道之教，舊說謂聖人品節吾性之固有，以爲法於天下，若禮樂政刑之屬，此意如何？先生曰：這不是子思本旨，下面戒愼恐懼，便是修道的功夫。註一四七

註一四六　同右二一四頁第二行。

註一四七　同右二一五頁倒數第八行。

按聖人言修道之教，是修之於天下，愚夫愚婦，可與知與能，而後天下太平也。先生捨禮樂政刑。以言修道，天下之大，何由普及？且聖人禮樂政刑之教，無處不涵有戒慎恐懼之工夫，其立法之高，不言戒慎恐懼，而能使人自戒慎恐懼，欲不戒慎恐懼而不可能。孟子曰：「民日遷善，而不知所以為之」。若如先生說修道不要禮樂政刑，其道只可修之於一人一身，天下之大，將戒慎恐之意，執塗人而共喻之耶？

或曰：中庸云：「大哉聖人之道，洋洋乎發育萬物，竣極于天，悠悠大哉，禮儀三百，威儀三千，待其人而後行」。先生之言修道，先修其明禮樂之人，而後禮樂可推行於天下，此中有先後之別焉。曰：修禮樂政刑，即是修戒慎恐懼，禮樂政刑之為教，其教無先後之別也。子思言：「天之所覆，地之所載，日月所照，霜露所墜，凡有血氣者，莫不尊親，故曰配天」。惟禮樂政刑之教，足以與天地合其德。

先生與守衡論心之本體，原無一物，一向著意去好善惡惡，便又多了這分意思，便不是廓然大公。書所謂無有作好作惡，方見本體。所以說有所忿懥好樂，則不得其正。正心只是誠意工夫裏面體當自家心體，常要鑑空衡平，這便是未發之中。註一四八

未發之中，即心之本體，本體上不能著一物，並好善惡惡之心，都來不得，此指實踐

註一四八　同右二三頁第十一十四行。

時言之也。功夫要發現本體，原一念不可起也，易曰：「憧憧往來，朋從爾思，天下何思何慮」。聖人作易，教人以有天地之體，我能如天所為，如天無念，不朋從爾思，而後天不在天而在我。

箕子告武王，建皇極，要「無黨無偏，王道便便，無反無側，正道正直，會其有極，歸其有極」。箕子之建皇極，皇極，即中庸未發之中，又即濂溪之所謂立人極。濂溪之立人極，要「二五之精，妙合而凝」。合而凝，合而妙，又即箕子之無黨無偏也，箕子又曰：「皇極之敷言，是彝是訓，于帝其訓」。帝訓，天訓也。謂皇極之理出自天，若天言也。先生云心之本體，原無一物，即「上天之載，無聲無臭」也。有實踐之功夫，而後知其言之真切。

與蔡希淵說中庸工夫，只是誠身，誠身之極，便是至誠。大學工夫，只是誠意，誠意之極，便是至善。註一四九

按古本大學，誠意章接今本首章，原謂人之為學，苟能做到意誠，則定靜安之功夫，自然能有諸身，而學可抵於至善矣。然意不易誠也。朱子將格物作窮理，原使人自窮理，以抵於意誠也。且首章言欲誠其意者，先致其知。窮理即致知也。後人謂天下之物，莫不有理，物多何能窮盡？不知萬物各有來源，窮者窮其所來之理。

註一四九　向右二六頁十四－十五行。

窮到源頭上自有真工夫發生。或曰，陽明為學，係從身內下手。朱子為學似從身外用工，身外不及身內之真切也。曰：朱子為學，不能入於內者，未嘗教自己入學也。身內身外，朱子一致也，聖人下學上達，踐跡入室，有教無類，其他禮樂之設，皆是從外以抵於內。

先生答道通謂若體認得良知明白，即聖人氣象，不在聖人，而在我矣。程子嘗云覷著堯學他行事，無他許多聰明睿智，安能如彼之動容周旋中禮。又云：心通於道，然後能辨是非，今且說通於道在何處，聰明睿智，從何處出來？註一五〇

道之通，有通處。聰明睿智之生，亦有生處。生處與通處，不有實踐之工夫耶？中庸未發之中，大學至善之止，皆道之所通，聰明睿智所生處也。然非能實踐其定靜安，實踐其戒慎恐懼之法者，不能知不能生也。先生說無星之稱，而權輕重，未開之鏡，而照妍媸，則以小人之腹，而度君子之心。先生指點學人，處處皆重實踐也。

先生論佛氏無所住而生其心，謂如明鏡之應物，妍者妍，媸者媸，一照而皆真，即是生其心處。妍者妍，媸者媸，一過而不留，即是無住處。註一五一

註一五〇　同右三九頁第四一八行。

註一五一　同右四大頁第十三行。

先生此說非佛義也。佛說無住，心不著一切相也。是教人從實踐上用功夫，非謂如明鏡照物也。生其心，生道心也。不著相，然後道心生也。佛從裏面說功夫，以立體言。先生說如明鏡照物，以致用言。佛十二大宗，都少說用。後人謂佛不說用不能治世，石知古來善於治世者，無不由內體之善以治世也。大學言治平，在先明其明德。中庸言文武周公之達道，盡從喜怒哀樂未發之中發出。無他，有關睢麟趾之意，而後可行周公太平之法。內體之善，與政教之立，皆須先於實踐上先下功夫。

先生答聶文蔚第二書，解孟子盡心知性知天章，謂文蔚能脫去舊時文義之習，下二段文義，不是由上一段生出。存心事天者，如童稚之年，使之學習步趨於庭除之間者也。殀壽則貳，修身以俟者，如襁抱之孩，方使之扶牆傍壁，而漸學起立移步者也。註一五二

先生此解，於孟子之意，不符合。存心不是存盡心之心，養性不是養知性之性，事天不是事已知之天。所存何心？所養何性？所事何天？第三段殀壽不貳，修身以俟之，所以立命也。殀壽，人之形也。不貳，心不為形役也。不貳，在中庸，即至誠也。立命，即立天之所以命我者，天命我何？非性耶？性所涵藏，非五常耶？

子曰：「君子之道四，某未能一焉，所求乎子以事父，未能也。所求乎臣以事君，未

註一五二　同右五六頁第十五行。

能也。所求乎弟以事兄，未能也。所求乎朋友先施之，未能也。」以孔子之聖，猶以未能言，先生比之知童稚之孩，則孔子猶不足道矣。先生與薛尚謙等侍坐，論天下謗義，自謂我纔做得箇狂者胸次，使天下之人都說我行不揜言也罷。先生自謂狂者，狂者固如是耶？此言有礙於實踐也。

先生以訓蒙大意，示教讀劉伯頌等，其教約用義極佳，茲錄於後：

每日清晨，諸生參揖畢，教讀以次遍詢諸生在家所以愛親敬長之心，得無懈忽，未能真切否，溫清定省之儀，得無虧欠，未能實踐否？往來街衢，步趨禮節，得無放蕩，未能謹飭否？一應言行心術，得無欺妄非僻，未能忠信篤敬否！諸童子務要以實對，有則改之，無則加勉。教讀隨時就事，曲加誨諭開發，然後各退就席肄業。

凡歌詩，須要整容定氣，清朗其聲音，均審其節調毋躁而急，毋蕩而囂，毋餒而懾。久則精神宣暢，心氣和平矣。每學量學生多寡，分為四班，每日輪一班歌詩，其餘皆就席斂容肅觀，每五日則總四班遞歌於本學，每朔望則集各學生會歌於書院。

凡習禮，須要澄心肅慮，審其儀節，處其容止，毋忽而惰，毋沮而作，毋徑而野，從容而不失之迂緩，脩謹而不失之拘局。久則體貌習熟，德性堅定矣。童生班次，皆如歌詩，每間一日，則輪一班習禮，其餘皆就席斂容肅觀。習禮之日，免其課倣，每十日則總四班遞習於本學，每朔望則集各學會習於書院。

凡授書不在徒多，但貴精熟，量其資秉，能二百字者，止可授以一百字，常使精神力量有餘，則無厭苦之患，而有自得之美。諷誦之際，務令專心一志，口誦心惟，字字句句，紬繹反覆，抑揚其音節，寬舒其心意，久而義理浹洽，清明日開矣。每日工夫，先考德，次背書誦書，次習禮，或作課倣，教者知此，則知所施矣。雖然，此其大略也。神而明之，則存乎其人。

按此約，深與孔子興詩、立禮、成樂之義相合，何以興？何以立？何以成？教育者，不可不深思也。

先生與九川論靜字工夫，謂靜中不能無念，引維天之命，於穆不已，一息便是死，非本體之念，即是私欲。註一五二

按此義於實踐之工夫，先生猶有未至者耶！不然必是記者之誤也，天之所能「於穆」者，正天之能無念，而後能成此萬古長存之天也。「不已」，生於無念。無念，然後能靜也。老子曰：「天地不仁，以萬物為芻狗」。不仁，而後生物容易也。不仁，即無念。無念也，即中庸曰：「其為物不貳，則其生物不測」。不測，出於不貳，不貳，即無念也。先生謂靜中不能無念。就大學言之，定而后能靜，靜生於定，定有念耶？靜而后能安，安有念耶？有念在心，心即在念，尚何能靜？

至於人死之說，是後天之氣絕，先天之氣未生，非念息之所至。且人之死，念未曾息

註一五二　同右五九頁倒數第四行。

也。詩曰：「神之格思，不可度思，矧可抑思」。孟子曰：「雖有惡人，齋戒沐浴，可以事上帝」。上帝之來格來歆，正上帝之有念，而能與人生感應也。

楞嚴經說滅識成智，八識中並阿那耶識，都要滅盡，方能發生智慧。識即念，滅識，即無念也。

道家言「要得人不死，先要學死人」。莊子曰：「至人之息以踵」。踵息，無息也。即無念也。如孩稚在胎中，無息也，能無息，而後身體可養成也。先生此條，以實踐之工夫論之，不符合穩妥！

註一五四 顧東橋問武王不葬興師。先生曰：「是發於良知，爲救民起見，不然是不忠之大者」。

按此條之誤，先生不尚考據之學所致也。商祖契，周祖稷，同受封於虞廷，於桀紂同是一箇列國，同為諸侯。然周於紂稱臣者，是以小事大之臣，非削土分茅之臣。如當年琉球越南對清廷稱臣，一也。天子朝諸侯，輯五瑞，周之瑞，猶是堯時所頒，非紂所錫，後人多誤以武王為臣者，大約有如左之誤：

(一)太史公作伯夷列傳，引軼詩：「登彼西山兮，采其薇矣。以暴易暴兮，不知其非矣，神農虞夏，忽焉沒兮，我安適歸兮，吁嗟呼徂兮，命之衰矣，遂餓死於首陽山」。後人讀

註一五四 同右三三頁倒數第七行。

其詩，遂以其歌為可信也。不知史公傳首，已言明載籍極博，尤考信於六藝，六藝之文，有夷齊叩馬而諫之事耶？有夷齊餓死於首陽山之文耶？史公原不自信，而猶引之以作傳者，欲佐證近世操行不軌，專犯忌諱，而終身逸樂，如盜跖輩，以懲奸以洩憤，而舒一己之憂也。

史公文多蕩樣，不著直筆，讀者不貫首尾而節取之，所以誤也。

王荊公伯夷論曰：「伯夷不嘗與大公聞西伯善養老而歸往耶？當世之時，欲夷紂者，二人之心，豈有異耶？及武王一奮，太公相之，遂出元元於塗炭之中，伯夷乃不與，豈伯夷欲往西伯而志不遂，乃死於北海邪？抑而死於道路邪？抑其至文王之都，而不及武王之世而死邪？嗚呼！使伯夷不死，以及武王之世，其烈豈下太公哉？夷齊之死，非在首陽山，亦明甚，至叩馬而諫一事，十七史商確，史記質疑諸書，皆有論定，不贅。

(二)誤於讀孟子：齊王問湯放桀，武王伐紂，臣弒其君可乎？孟子曰：「賊仁者謂之賊，賊義者謂之殘，殘賊之人，謂之一夫，聞誅一夫紂也，未聞弒君也」。孟子意在引君當道，未及以武王非紂臣，一一辨正。王勉亦謂：「惟在下者，有湯武之仁，而在上者，有桀紂之暴則可，不然，未免於篡弒也」。誤以武王為篡弒，原非一人。

(三)誤於讀論語：「子謂韶盡美矣，又盡善也。謂武盡美矣，未盡善矣」。解者誤以武王有天下，不能出於揖讓，而出於征誅，武王不能如文王事紂，心有不安，故形之於樂。不知八百諸侯，會於孟律，非武王召之也。諸侯迫武王以從事也。左傳稱「文王率紂之畔國以事紂」。孔子亦稱武王「善繼其志，善述其事」為孝，文武同是聖人，孔子已有定論，何嘗有軒輊於其間。未盡善者，武王自咎其德，不若文王，限於事勢，未能以德化紂之惡，而諸侯之干戈動，而事無可如何也。豈為假征誅之名，以有其土地哉！

(四)誤於韓退之伯夷頌：「微二子，亂臣賊子，接跡於天下後世矣」。昌黎亦以武王為紂臣，殆亦同誤於史公所引軼詩之故。伊川曰：「伯夷頌，只說得伯夷介處，要說得伯夷心，須是聖人語。不念舊惡，怨是用希，求仁而得仁，又何怨」？伯夷不怨武王，其歌詞之有怨，為後人所偽託無疑義。

(五)誤於讀易革彖：「湯武革命，順乎天而應乎人」。遂以臣弒君，為順天應人之事。不知湯武非桀紂臣也，犯上作亂者，欲引以自高其身價也。孔子曰：「三分天下有其二，以服事殷，周之德，可謂至德也矣」。周若是紂臣，服事乃子臣應盡之職責，何至德之有？易言「天地革，而四時成，湯武革命，順天而應乎人」。易道有變革，皆陰順從陽則革成而吉，否則凶而咎徵至。坤彖：「至哉坤元，萬物資生，乃順承天」。承天，即地道無成，而代有終也。坤道，臣道也。六十四卦無陰逆陽而吉，即萬世千秋，無臣弒君而非亂。春秋為臣弒君而作，陳桓弒君，孔子請討，焉有於革卦，反美為順天耶？君無道，是臣不能引君以當道。罪在臣，傳曰：「畜老牛，猶憚殺之」。誤解湯武為紂桀臣，使君臣之大義不明，而易經之義，亦因而晦。

先生不說武王非紂臣，而以興師為出於良知，假良知以助亂臣賊子之奸者，懼從此益多其說，滔滔者，天下皆是也。而誰與易之，此不能實踐之尤者，故正之。

先生說大凡朋友，須箴規指責處少，誘掖獎勸意多方是。後又戒九川云：「與朋友論與，須委曲謙下，寬以居之」。註一五五

孟子謂：「舜與人為善，舍已從人，樂取諸人以為善」。放勳曰：「勞之來之，匡之直之，輔之翼之，使自得之」。詩曰：「民之秉彝，好是懿德」。據此，世不患無善人，特患無人誘掖以至之耳。濂溪曰：「聖人立教，俾人自易其惡，自至其中而止矣。故先覺覺後覺，闇者求於明，而師道立矣。師道立，則善人多，善人多，則朝廷立，而天下治矣」。先生之言，僅有益於交友之一途也耶？

黃以方問如何得到溥博如天，淵泉如淵。先生曰：「人心即是天淵。心之本體，無所不該，原是一箇天，只爲私欲障礙，則心之本體失了。心之理無窮盡，原是一箇淵，只爲私欲窒塞，則淵之本體失了。」註一五六

先生此說，起發經中「如」字義甚真切，使學人求溥博淵泉，不向外面體會，則至誠

註一五五　同右六一頁第十一行。
註一五六　同右六二頁第十二行。

之道，愚夫愚婦，可與知與能矣。私欲障礙一語，在大學即「致知在格物」。「致知」，即知心上之天。「格物」，即去心上之障礙。人要得如天如淵之工夫，又先要去私欲。

先生之言，於心之本體，看得極明透，故能無所不眩。

先生解子入太廟，每事問，謂先儒雖知亦問，敬謹之至，此說不可通，聖人於禮樂名物，不必盡知，然他知得一箇天理，便自有許多節文制度出來。註一五七

先生說聖人運用天理即可決一切事務，聖人固能如是也。然在太廟，非決事須運用天理也。其為問也，亦非不知名物制度也。孔子處禮衰國將不振之時，曾曰：「魯一變，至於道」。又曰：「吾其為東周乎」。周公之禮，人棄置不講者久。今在太廟，周公之精神，猶如或見之也。其問也，欲人人盡心於此禮也。

昔韓子適魯，見易象與春秋，曰：「周禮盡在矣，吾今乃知周公之德，與周之所以王」。宣子見周禮，即見之於太廟也。知周公之所以王，在易象與春秋，周公之禮，備具易象春秋之理也。宣子猶知國之興衰在禮，況聖人耶！金人一銘，孔子讀之猶使弟子記之，周公不在，禮猶在也。周公能以禮王天下於當年，今日天下顧何如也。先生不就孔子之所以為問者解釋之，但說知得一箇天理，便有許多制度文物出來，則孔子之為問也，終將不白於天下後世矣。

註一五七　同右六三頁第八行。

先生謂佛怕父子累，卻逃了父子，怕君臣累，卻逃了君臣，怕夫婦累，卻逃了夫婦，都是爲箇君臣父子夫婦著了相，便須逃避。註一五八

佛有出家之說，有似逃避之意，然與古出就外傳，出必告遊必有方同也。佛之出家也，非惡其家，而滅棄之也。能齊其家不為家累，若出家也。且佛生八子，一名有意，二名善意，三名無量意，四名寶意，五名增意，六名除疑意，七名響意，八名法意。佛並未逃避父子也。後世佛徒，不得佛之真傳，佛法亡，遂以棄人倫為學佛，此於佛所說法，不能實踐故也。

或謂佛不言五倫，不可治國，不知古今五倫之善者，無不出於性，佛法重明心見性，焉有性見之人而不重五倫耶？重五倫之人，孝子忠臣，焉有不出自性者耶？佛從人道之根本上教人，佛之言，猶具在經典，斑斑可考而實踐之也。以不能實踐之言言佛，此後世所謂佛，非當年釋迦牟尼佛義也。

問生之謂性，告子亦說得是，孟子如何非之。先生曰：「固是性，但告子認得一邊去了。不曉得頭腦，若曉得頭腦，如此說亦是。」孟子亦曰：「形色，天性也」。這也是指氣說。註一五九

註一五八　同右六四頁十五行。

註一五九　同右六五頁倒數第五行。

論性莫備於中庸。中庸說天命之謂性，天，命性之頭腦也。謂人有性，出自天之命，天未命之時，人猶未至，性固在天。人不得不知也。其為命之際，命之景象何若？人亦不以得自見而耳聞之也。

人何以知天之所以為命哉？曰：中庸言慎獨，慎到喜怒哀樂之未發謂之中，未發之中，即天之所以為命也。人得此中，即天之所以為命者轉而在人，而人有天命性之命矣。人有天命性之命，則人生氣質之不齊，亦可因而齊之，而人無人不善也。「發而皆中節謂之和」，人之能和，即人變化氣質，以天之所以為命者，而變化之也。孔子易繫，言窮理盡性以至於命，至於命，即人得天所以為命之道也。孟子言形色天性，謂人既有性之後，性住在人之形色中，非謂形色即天性也。但人能以形色運用其天性，故曰形色天性也。如舜事父母，蒸蒸乂，不格姦。禮，父母有過，子下氣怡色柔聲以諫，諫而不聽，又起敬起孝，皆以形色運用天性也。先生說告子不曉得頭腦，告子不知性來自天也。認得一邊去，但以人既生以後形色上之知覺為性也。此與荀子性惡，韓退之性分三品說，二而一者也。先生一生說知行合一，說良知，皆於性字上有實踐之工夫，故能指點親切。

先生說鄭衛之詩，有長淫導姦之疑，是秦火後，世儒附會以是三百篇之數。註一六〇

註一六〇　同右七頁第十行。

此說非也，後之讀詩者，不說毛公序詩之誤也。詩在秦以前，已是民間家絃戶誦之物，民間有樂有歌即有詩，始皇以詩為民間歌譜，與易為人民卜筮之用，無關於己之行政，遂一字未焚，現存之詩與易，猶是當年全本。

孔子云：「放鄭聲，鄭聲淫」。又曰：「惡鄭聲之亂雅樂也」。「鄭衛之音，亡國之音」。是指鄭衛之樂音言，非指鄭衛之詩言。況溱洧諸詩，小序已明言之曰：「刺淫之作」。曰刺，是惡淫人，非淫者之自作，何至有長淫導姦之疑。孔子曰：「詩三百，一言以蔽之，曰思無邪」。聖人早有定評，何俟發為疑義?

問思無邪一言，如何便蓋得三百篇之義，先生曰：「豈特三百篇，六經只此一言，便可該貫，以至窮古今天下聖賢的話，思無邪一言，也可該貫，此外更有何說，此是一了百當的工夫」註一六一

思，心之所發也。洪範「思作睿，睿作聖」。箕子言立皇極，人之念可立極，思之至，可作聖，作聖即可無邪也。孟子言「心之官則思，思則得之，不思則不得也。此天所與我者，先立乎其大者，則其小者不能奪也」。立大，即立天之所與，天與我孰為大?孟子言性善，從性上以立其思，此思之所由大也。易曰：「天下何思何慮，一致而百慮」。濂溪曰：「無思，本也」。言人要由思以到無思，則此心之邪，方可去得乾淨。

註一六一　同右六七頁第二行。

佛謂：「有想無想非想，非非想，非無想，我皆令入無餘涅槃而滅度之，如是滅度無量無數無邊眾生，實無眾生得滅度者」。如果方把未來過去現在三世之邪，都可了卻乾淨，自來聖賢仙佛，其重思無邪，一也。孔子說詩，其義之精，先生得之矣。

有一屬官，因久聽先生之學曰：此學甚好，只是簿書訟獄繁難，不得為學。先生聞之曰：「我何嘗教爾離了簿書訟獄，懸空去講學，爾即官司之事，便從官司的事上為學，纔是真格物，如問一詞訟，不可因其應對無狀，起箇怒心。不可因他言語圓轉，生箇喜心。不可惡其囑托，加意治之。不可因其請求，屈意從之。不可因自己事務煩冗，隨意苟且斷之。不可因旁人譖毀羅織，隨人意思處之。這許多意思皆私，只爾自知，須精意省察克治，惟恐此心有一毫偏倚，杜人是非，這便是格物致知，簿書訟獄之間，無非實學。若離了事為學，卻是著空」。註一六二

按先生以此六事示屬員，拔除臨事時之私心，可謂盡善。凡事私心不起，則公心易生。臨事時之戒慎恐懼，本不可無，但人之私心有根，宜於無事時早用克治之法，則臨事時自易從容中道。古人「四十始仕，方物出謀發慮」。即懼學問未到，臨事時尚多私意蒙蔽也。

註一六二　四部叢刊初編縮本王文成公全書卷三・一三二頁。

先生曰：良日是造化之精靈，這些精靈，生天生地，成鬼成帝，皆從此出。真是與物無對，人若復得他，完完全全，無少虧欠，自不覺手舞足蹈，不知天地間，更有何樂可代」。註一六三

此心到樂外，非具有實踐之工夫者，不知也。程子曰：昔受學於周茂叔，每令尋仲尼顏子樂處」。今先生即教人尋此樂也，道家言人身上有真夫婦，陽交會所生也，陰符經曰：「至樂性餘」。樂從性生，無物可代也。

黃勉叔問此心空空蕩蕩的，不知亦須存箇善念否？先生曰：「即去惡念，便是善念，便是心之本體矣，譬日光被浮雲來遮蔽，雲去光已復矣。若惡念既去又要存箇善念，即是日光之中，點燃一燈」。註一六四

日光下燃燈，不獨無益，而且有損，燈燃于下，反有礙於日光之照臨也。莊子曰：「日月出矣，爝火不能為光。惟去雲去惡念法，實踐之工夫到，自能去得乾淨，使他永不再生。如大學說定而后能靜，靜而后能安，此叮嚀於實踐上用工夫也。工夫到，則明德明，即光也，光即虛於至善，至善又即心之本體也。

註一六三　世界書局陽明傳習錄六八頁第十二行。
註一六四　四部叢刊初論縮本王文成公全書卷三・一三六頁。

先生說文公格物之說，只是少頭腦，如所謂察之於念慮之微。此一句不該與求之於文字之中，驗之於事爲之著，索之於講論之際，混作一例看，是無輕重也。註一六五

察之於念慮之微一句，說在求文字、驗事為、索講論三句之先，正是有頭腦處，求文字，求與念慮合不合也。驗之於事微，求與事為合不合也。索之於講論，懼坐而言，起而行，合不合也。凡此皆是反求諸己之工夫，四句之中，下三句又皆有次序，脈絡極清楚。不可謂少頭腦無輕重也。

先生說工夫不是透得這箇真機，如何得他充實光輝，若能透得時，那由你聰明知解接得來，須胸中渣滓混化，不使有毫髮沾帶始得。註一六六

此數語非實踐上有功夫者，都說不出，此先生傳心語也乎！真機何？機不在外，即實踐上所生之機。光輝何？即真機到，光輝從真機上自然發生。中庸曰：「誠則形，形則著」也。不能以知解聰明接得者。中庸曰：「天下國家可均也。爵祿可辭也，白刃可蹈也。中庸不可能也」。先生之真處，皆聖人經典上具足之理，先生能有其真處，又皆實踐聖人之經典以有之乎！凡此學者不可忽略處也。

註一六五　四部叢刊初編縮本王文成公全書卷三，一三六頁。

註一六六　世界書局陽明傳習錄六八頁例數第一行。

先生說天命之謂性，命即是性。註一六七

命尚在天，性乃在人，命是天地絪縕，與人以生此性者也。說命中有性可，不可說命即是性也。易曰：「大哉乾元，萬物資始，乃統天」。資始，尚未始，命是乾元，尚待流行也。濂溪曰：「天以陰陽五行，化生萬物。」又曰：「二五之精，妙合而凝」。老子曰：「視之不見名曰夷，聽之不聞名曰希，摶之不得名曰微」，是從命上說也。要知命字之實在功夫，亦惟有實踐之工夫而後能知。子曰：「五十而知天命」。又曰：「五十以學易，可以無大過矣」。易之道，全是以天之命者教人。人到知命，即可從命字上用工夫。人如天，有何過之有？

先生與人講至誠前知，謂邵子於前知，終是利害心未盡處。註一六八

邵子之前知，是知萬事萬物之所由成，與萬事萬物之所由成，與萬事萬芴之所由毀，知即「乾知大始」，大始，天之所由始也。「通乎晝夜之道而知」，知晝夜之道，即知一陰一陽之道。康節前知之學，即至誠之道，與易道通，非以一已之利害為之也。昔邵子欲以數傳程子，程子曰：我尚要下二十年功夫，方能到此。邵子曰：「汝知今年雷從何處打起」？程子曰：「從起處起」。邵子曰：「汝可不學矣」。按起處，即物所

註一六七　同右六九頁第二行。

註一六八　同右七一頁第十一行。

生之源。說萬物之源，莫詳於周易，理氣象數，皆可通易之源。邵子以數通，得於陳希夷。程子以理通，得於周濂溪，其為道一也。皆至誠之學，有實踐之工夫在者也。以利害心視數，是術家之數，非康節之數也。

朱本思問草木瓦石之類，亦有良知否？先生曰：「草木瓦石，無人的良知，不可以爲草木瓦石矣。豈惟草木瓦石爲然，天地無人的良知，亦不可爲天地矣。蓋天地萬物，與人原是一體，其發竅之最精處，是人心一點靈明云云」。註一六九

發竅之最精處，天地與人一也。人之良知得於天，草木瓦石亦生自天，天不從此竅之精處發動，不獨天地間無人無草木瓦石，天地亦將毀。此竅之最精處為何？在周易即太極也。在濂溪即無極也。在洪範即皇極也。天地間風雲雷雨，鳥獸草木，山川土石，隨人以為轉移，而為禍福妖祥者，此何為也？

中庸曰云：「致中和，天地位焉，萬物育焉」。易曰：「同聲相應，同氣相求，水流濕、火就燥、雲從龍、風從虎、聖人作，而萬物覩，本乎天者親上，本乎地者親下，亦各從其類也」。人何以能類其善，以有中和，以與天地合其德耶？曰：亦惟在發竅之最精處，有以致之。發竅處善，則無不善。發竅處惡，則無不惡，實踐之工夫，所由尚也。

註一六九　同右七〇頁第七行。

黃修易問近來用工，亦頗覺妄念不生，但腔子裏窣窣的，不知如何打得光明。先生曰：「初下手用功，如何腔子裏便得光明。……只要在良知上用功，良知存久，黑窣窣自能光明矣，今便要責效，卻是助長，不成功夫」。註一七〇

此問者，確能在實踐上用工夫，方能有此問。先生亦確能就工夫上指點，使他用工不亂。工程上是確有一段黑窣窣的過程，但去此黑或使黑一來便去，而光自生，亦自有法。孟子言「充實而有光輝之謂大」。如何充實？孟子養浩然之氣，直養而無害，則充實矣。寒山詩曰：「我心似明月，碧潭秋皎潔」。寒山之光輝如月也。乾「大明終始，六位時成」。船山曰：「大以天言」。乾之光輝，往來如天而不窮也。船山又曰：「碧天西爽月如，脈脈盈盈度翠樓，風輭楊花穿　幙，春融桃浪送行舟」。聖賢仙佛之工夫，皆有光輝，其生光輝之法，都生於實踐。

先生曰：「吾教人致良知，在格物上用功，卻是有根本的學問，日長進一日，愈久愈卻精明。世儒教人，事事物物上去尋討，卻是無根本的學問。方其壯時，雖暫能外面修飾，不見有過老則精神衰邁，終須放倒。譬如無根之樹，移栽水邊，雖暫時鮮好，

註一七〇　同右六四頁第例數第一行。

終久要憔悴。」註一七一

事事物物上尋討，不得其法，本是象山所謂「支離事業竟浮沉」。然得法則事事物物，皆有一箇來頭，尋到來頭，則先生所謂良知，亦能外是也。朱子詩曰：「昨夜江邊春水生，艨艟巨艦一毛輕，向來枉費推移力，此日中流自在行」。

先生一日遊禹穴，顧田問禾曰：「能幾何時，又如此長了」。范兆期在旁曰：「此只是有根學問，能自植根，亦不患無長」。先生曰：「人孰無根，良知即是天植，靈根自生生不息，但著了私累，把此根戕賊蔽塞，不得發生耳」。註一七二

良知原是天植，其培養良知，亦要用天道。如何是天道？中庸言嘉怒哀樂未發之中，未發之中，即天之道也。人用天之道，靈根即植於人。而人以此身又培養天之靈根也。箕子建極也，濂溪立也，曰建曰立，從靈根上用工夫。則私累去也，去得乾淨不乾淨，則在建字上多下實踐之工夫。

問易朱子主卜筮，程傳主理何如。先生曰：「卜筮是理，理亦是卜筮，天下之理，孰有大於卜筮者乎！只爲後世將卜筮專主在占卦上看了，所以看得卜筮是似小藝。不知

註一七一　四部叢刊中初編縮本王文成公全書卷三・一三六頁。
註一七二　同右一三八頁。

今之師友問答，博學審問慎思明辨篤行之類，皆是卜筮。卜筮者，不過求決狐疑，神明吾心而已。易是問諸天，人有疑，自信不及，故以問天，謂人心尚有所涉，惟天不容僞耳」。註一七三

卜筮問天，問以易之辭，天不言，易之辭代天以言也。易之辭，雖是聖人所言，聖人以天言之也，傳言「不疑何卜」，人要無疑，然後可不卜。無疑，即吾心之神明已如天也。易曰：「大人者，與天地合其德，與日月合其明，與四時合其序，與鬼神合其吉凶，先天而天勿違，後天而奉天時，天且勿違，而況於人乎？況於鬼神乎」？此無疑也，私欲盡淨，人人可如是也。

凡易說大人，人人可實踐而有之也。程子之窮理也，朱子之卜筮也，誘掖人人以至於斯也。先生推出卜筮之道，同於師友問答，不獨有功於易也。洪範箕子之稽疑，周禮之三卜，皆可從此發揚光大。

問中人以下，不可以語上。愚的人，與之語上，尚且不進，況不與之語可乎？先生曰：「不是聖人終不與語，聖人的人，憂不得人人都做聖人，只是人的資質不同，施教不

註一七三　同右。

可躐等。中人以下的人，便與他說性說命，他也不省得也，須慢慢琢磨他起來」。註一七四

孔子「誨人不倦」，「有教無類」，「吾無行而不與二三子者，是丘也」。聖人之道，原是使愚夫愚婦，可與知與能，何嘗有上中下之別哉？有時語之不以上者，非不與他語，但不以上耳，其不語以上，正所以使之上耳。先生慢慢琢磨他起來一語，具有無限聖人教人心情，顏子之欲罷不能，殆亦由孔子之善用琢磨，而後有以致之耳。

問叔孫武叔毀仲尼，大聖人如何猶不免於毀謗。先生曰：「毀謗自外來的，雖聖人如何免得，人只貴於自修，若自己實實落落是箇聖賢，縱然人都毀他，也說他不著，卻是浮雲揜日，如何損得日的光明。若自己是箇象恭色莊，不堅不介的，縱沒有一箇人說他，他的惡慝，終須一日發露。所以孟子說有求全之毀，有不虞之譽。毀譽在外的，安能避得，只要自修如何耳」。註一七五

先生引人為學，戒向外求。傳習錄中，處處皆可發現，此非有實踐之工夫者，不能聞此言；非引人以實踐之實者，亦不能為此言。昔李鄴侯讀書於南岳，謂懶殘和尚曰：

註一七四　同右一三九頁。

註一七五　同右一四〇頁。

「汝胡不將鼻涕眼淚拭去」？和尚曰：「我那裏有許多閒工夫來替俗人開鼻涕」。無閒工夫，是工夫不向外用也。莊子曰：「呼我為牛，我即應之曰牛，呼我為馬，我即應之曰馬」。老子曰：「知我者希，則我者貴，是以聖人被褐懷玉」。聖賢教人，能使人有成，都是重在內。

先生曰：「良知在夜氣發的，方是本體，以其無物欲之雜也。學者要使事物紛擾之時，常如夜氣一般，就是通乎晝夜之道而知」。註一七六

人於事物紛擾，常如夜氣一般，此惟聖人從客中道，乃能如是也。非於夜氣上有實踐之工夫者，不能有此也。夜氣能發現良知之本體，靜則生明也，求夜氣亦惟從實踐上求之也。通乎晝夜之道而知，晝夜即陰陽，陰陽有交會，又乃生出一晝一夜，歷萬古而無不如是，原天無私也。交會乃有常也，人不能如天地以常生其夜氣，而常以天地之夜氣為夜氣者，人不知實踐其所以為交會也。

先生曰：「目無體，以萬物之色爲體；耳無體，以萬物之聲爲體；鼻無體，以萬物之臭爲體；口無體，以萬物之味爲體；心無體，以天地萬物感應之是非爲體」。註一七七

人之體，在外乎？目耳口鼻心，人之五官也。五官不逐物，不為物役而後正。若繫懷

註一七六 同右一四二頁。
註一七七 同右一四四頁。

於色聲香味，則養其小體而為小人矣。老子曰：「五色令人目盲，五音令人耳聾，五味令人口爽，馳騁田獵，令人心發狂，難得之貨，令人行妨」。此言外物皆有累於人也。又曰：「其上不皦，其下不昧，繩繩兮不可明，復歸於無物，是謂無狀之狀，無物之象，是謂恍惚，迎之不見其首，隨之不見其後，執古之道，以御今之有，能知古始，是謂道紀。」體之真處不在外也，得體之真者。惟能致之。

先生說良知本是明白實落用工，只在語言上，轉說轉糊塗。昔有禪師，人來問法，只把麈尾一提。一日其徒將其麈尾藏過，試他如何說法。師尋麈尾不見，又只空手提起。我這箇良知，就是說法的麈尾，舍了這箇，有何可提得。少間，又一友請問工夫切要。先生旁顧曰：「我麈尾安在」？一時在坐者皆躍然。註一七八

按提麈尾，即是初祖說法，雙手拈花，惟二祖微笑。二祖得其意之所在，遂將衣缽傳與二祖。拈花者，言工夫要到有花而後工夫真也。麈尾，是掃除灰塵之用。提麈尾，是工夫要去人欲也。自己用工，不在語言上多說，的確是實踐上之良好工夫。知提麈尾，又是工夫上隨時起莫大之進步。

問孔子所謂遠慮，周公夜以繼日，與將迎不同何如？先生曰：「遠慮不是茫茫蕩蕩去

註一七八　同右。

思慮，只是要存這天理，天理在人心，亘古亘今，無有終始。天理即是良知，千思萬慮，只是要致良知，良知愈思愈精明，若不精思，漫然然隨事應去，良知便粗了。若著在事上，茫茫蕩蕩去思，教做遠慮，便不免有毀譽得喪，人欲攙入其中，就是將迎了。周公終夜以思，只是戒慎不覩，恐懼不聞的工夫，見得時其氣象與將迎自別」。註一七九

> 將迎是在人欲上著思慮，孔子之遠慮，周公之夜以繼日，確是在天理。何謂天理？理本在天，而實賦之於人也。孔子贊周易，慮天理人不能有之也。作春秋，因臣弑君，子弑父，人失天理也。其他刪詩書，訂禮樂，無非與人以復其天理。周公思兼三王，以施四事。其有不合者，仰而思之。周公之思，流露於禮樂詩書不一而足，其最大者，莫若周禮一書，純係運用天之理，以為萬世開太平。先生謂是戒慎乎其所不覩，恐懼乎其所不聞的工夫。周公為天下人人存戒慎恐懼於不覩不聞也。古之聖人，於存天理一事，可謂致廣大而盡精微，極高明而道中庸。

先生曰：「無知無不知，本體原來如此。譬如日，未嘗有心照物，而自無物不照。無照無不照，原是日的本體。良知本無知，今卻要有知。本無不知，今卻疑有不知，只

註一七九　同右一四五頁。

是信不及耳」。註一八〇

按無知，體也。無不知，用也。實踐之工夫，不到無知上，則不知無不知也。信不及，非信不及，實踐之工夫未及也。日光無心照物，而物無不照。原日之有光，其光自無心處生。生之時，日原無心也。日體用一源，故其照亦能無心。

問一日克己復禮，天下歸仁，朱子作效驗說，如何？先生曰：「聖人只是爲己之學，重功夫，不重效驗。仁者以萬物爲一體，不能一體，只是己私未忘，全得仁體，則天下皆歸於吾仁，就是八荒，皆在我闥意」。註一八一

按克己原是箇人之事，如何能使天下歸仁？四書集註朱子引程子謝氏之言，都未說及。蓋仁為五常之首，仁出於性，仁即是性。中庸天命性於人，原是人人平等，只私欲則人各有多少不一。我先克去私欲，則我先歸於仁，我歸我之仁，我即與天下之人同其仁。謂我歸天下之仁，亦無不可。曰天下歸仁者，以仁同仁，人乃歸之也。謂天下之人，歸自己之仁，亦無不可。易曰：「同聲相應，同氣相求」。乾之元，所以能統天也。

推之古聖人建設太平，而天下無不太平。其原因莫不從人之性上做出。老子曰：「大

註一八〇　同右一四五頁。
註一八一　同右。

制不割」。又曰：「善建者不拔」。不割不拔，皆以性言之也。克己者，豈徒為一時一人重其功夫而已哉。顏子有王佐才，夫子乃廣之知此夫！

聖人之和，如青天之日。賢人如浮雲天日，愚人如陰霾天日。雖有昏明不同，其能辨黑白則一。雖昏黑夜裏，亦影影見得黑白，就是日之餘光未盡處，困學功夫，亦只從這點明處精察去耳。註一八二

以日喻功夫，先生亦有謂而言之也。言功夫而從這點明處精察，而後功夫可成就也。明處，生在人之何處？人用功如何方是精察？先生皆從人之實踐上指點，有實踐之工夫者，一聽了然，不明實踐之工夫者，固亦不解此也。

先生曰：「孔子有鄙夫來問，未嘗先有知識以應之，其心只空空而已。但叩他自知的，是非兩端，與之剖決，鄙夫之心，使已了然。鄙夫自知的是非，便是他本來天則。雖聖人聰明，如何可與增減得一毫，他只不能自信，夫子與之一剖決，便已竭盡無餘了。若夫子與他言時，留得些子知識在，便是不能竭他的良知，道體便有二了」。註一八三

叩兩端而竭，竭是去鄙夫私欲上的知識，私欲去，則知識從天良發現，向之知識，與

註一八二　同右一四六頁。
註一八三　同右一四七頁。

今之知識，原不一致也。舜執其兩端，用其中於民。用中，即是用人民之天理也。天理在人，一也。能一人民之天理，舜之所以無為而治也。子曰：「吾有知乎哉，無知也」。孔子之無知，即是聖人先能自竭，而後能竭鄙之竭。其為竭也，即是引之以天理。孟子曰：「引而不發躍如也」。中庸言愚夫愚婦，與知與能，聖人之竭，發人天命之性也。易之道，「範圍天地之化而不過，曲成萬物而不遺」。範圍者，人性之也。曲成者，聖人之有教無類也。

丁亥年九月，先生與德洪汝中論學時曰：以後與朋友講學，切不可失我的宗旨。無善無惡，是心之體。有善有惡，是意之動。知善知惡，是良知。爲善去惡，是格物。只依我這話頭，隨人指點，自沒病痛，此原是徹上徹下功夫。註一八四

四事，是先生學所歸宿處也。然心住無善惡，非實踐有功夫，做到見性，不能有此體。書所謂「惟精惟一」，而後人心之危者去，而道心之微者生也。意動，能別善惡，亦非實踐有功夫，做到意誠，亦難辨善惡，大學所謂「唯仁人，能愛人能惡人」。大學之仁人，從定靜安，造到至善之處，而後人之仁成也。先生又向德洪汝中二人叮嚀咐囑曰：「為善去惡，只向懸空想箇本體，一切事為，俱不著實，不過養成一箇虛寂，此箇病痛不是小」。先生教人處處向實踐上用工夫，先生講學，無處不是實踐之功夫

註一八四　同右一五一、一五二頁。

也。

黃以方問博學於文，爲隨事學此天理。然則行有餘力，則以學文，其說似不相合。先生曰：「詩書六藝，皆是天理之發現，文字都包在其中。考之於詩書六藝，所以學存此天理也。不特發見於事爲者方爲文耳。餘力學文，亦只博學於文中事」。註一八五

行是行入孝出弟之禮。禮也者，天理之節文。入孝出弟，即是行天理，即是行自己之天理。天理行，即是天理發現於外而為文耳。有餘力而學文者，是既行之後而考證於詩書六藝之文，於我之行合與不合耳。此先行而後學耳。博學於文，而後約之以禮者，是先明詩書六藝所言之天理，天理協合於我心，則我所行，無處不是天理也。此先學而後行也。

孟子曰：「博學而詳說之，將以反說約也」。約，即天理。人不天理，不能孝弟。學不博，亦無以為約。孟子曰：「仁之實，事親是也。義之實，從兄是也。智之實，知斯斯二者，勿去是也。體之實，節文斯二者，勿去是也。樂之實，樂斯二者，勿去是也。樂則烏可以已，烏可以已，則不知足之蹈之，手之舞之」。六藝之文，無非使人樂於孝弟而不自學。但後世言文者，言博學者，不言陽明學說者，其為文何若也。

先生曰：「先儒解格物，爲格天下之物。天下之物，如何格得。且謂一草一木皆有理，

註一八五　同右一五二頁。

今如何去格？縱格得草木來，如何反來誠得自家意！我解格作正字義，物作事字義」。註一八六

按格物為格天下之物，天下物多，原不易格。朱子解格物是窮其物之理，天下之物雖多，而理無不一也。如易言天下萬事萬物，且描寫其物之形象，萬事萬物為形不一，而形之所自來，未有不同一理也。理之來源，不同出自太極耶？太極者，天也，天有之，人不能有之耶？格天下之物者。窮天下之理。程子曰：「至於用力之久，而一旦豁然貫通焉，則眾物之表裏精粗無不到，而吾心之全體大用，無不明矣」。窮理至此，焉有吾身之意，尚有不誠耶？是先生於朱子之學，尚有未能實踐者在也。先生之病朱子，與他人之病先生，將如一轍也。

門人有言邵端峰論童子不能格物，只教以洒掃應對之說。先生曰：「洒掃應對，就是一件物。童子良知只到此，便教去洒掃應對，就是致他這一點良知了」。註一八七

此說甚善，得古聖制體之精意，小與大，一貫之道而已。童子洒掃應對之節，原與大學治平之功，連繫而未嘗偏也。且大學之能明明德，其基礎全賴奠定於洒掃應對之中。後人輕視童子，並輕視洒掃應對之禮，禮教所由不明。

註一八六　同右一五三頁。

註一八七　同右一五四頁。

昔朱子慨太平之治，二千餘年不復見，乃集小學一書，謂小學之無基礎也。小學之教，重於大學也。易曰：「蒙以養正，聖功也」。濂溪通書以蒙艮終，謂「艮，止也」。道無他，止於蒙而已。書貴通貫，先生知之。

先生曰：「吾與諸公講致知格物，日日是此，講一二十年，俱是如此。諸君聽吾言，實去用功，見吾講一番，自覺長進一番，否則只作一場話說，雖聽之亦何用」。註一八八

聽講重在能用功，用功即實踐其所講，而講乃能實有諸身。孟子曰：「有諸己之謂信」。孔子曰：「學而時習之，不亦說乎」。習，即實踐也。程子曰：「時復思繹，浹洽於中，則說也」。又曰：「學者將以行之也。時習之，則所學在我故說」。曾子曰：「傳不習乎」。習，實踐孔子之所傳也。伊氏曰：「曾子守約，專用心於內」。先生謂實去用功，自長進一番，先生之言重在實踐，實踐之工夫，可與聖賢同歸。

先生嘗語學者：「心體著不得一念留滯，就如眼著不得些子塵沙，些子能得幾多，滿眼便昏天黑地了」。又曰：「這一念不但是私念，便好的念頭，亦著不得些子，如眼中

註一八八　同右一五六頁。

放些金玉屑，眼亦開不得了」。註一八九

不能著念，即佛說不要著相，佛之去相法，令入無餘涅槃而滅度之。起信論云：「心相皆盡，名曰涅槃」。心經云：「照見五蘊皆空，度一切苦厄」。照見，自見，照有光也。照見生於行般若波羅密時，亦以無念言也。先生與佛，同就實踐之功夫立言也。

先生曰：「人生大病，只是一傲字。爲子而傲，必不孝。爲臣而傲，必不忠。爲父而傲，必不慈。爲友而傲，必不信。故象與丹朱不肖，亦只是一傲字，便結果了此生。諸君常要體此，人心本是天然之理，精精明明，無纖芥染著，只是一個無我而已。胸中切不可有，有，即傲也。古先聖人許多好處，也只是無我而已。無我自能謙，謙者眾善之基，傲者眾惡之魁」。註一九0

傲生於人之情。傲有根，去根有法，中庸要慎獨，慎到喜怒哀樂之未發謂之中，則發而皆中節。大學心有恐懼得其不正，慮而不能得，用止於至善之法，則可去之。或曰：以堯舜之聖，不能去象與丹朱之傲，何也？曰：命契敷五教，命　典樂教冑子，則天

註一八九　同右一五七頁。
註一九0　同右一五八頁。

下之傲者皆化矣。修道之教行，則天下可太平也。

愚故曰：學有聖凡之別，聖人泛應曲當，言從性上出也。人性皆同，而體不同，體可學而至也。實踐之工夫最重要。陽明講學，多從體上立言，以此泛讀，一切可迎刃而解。

三、零星之作

荀子性惡論評議

荀子知聖人之爲政美，而未知聖人爲政之有所準；知聖人之制禮善，而未知聖人制禮之所因。後之人讀荀子，或竟以性爲惡而不知性善，則中華文化由此滅，先聖長治欠安之道，無自發生。世不見太平也患猶小，世不知性善之用也患莫大。余爲此憂，姑就荀子性惡一篇，略爲論說於左：

荀子曰：「人之性惡，其善者僞也。今人之性，生而有好利焉，順是，故爭奪生而辭讓亡焉。生而有疾惡焉，順是，故殘賊生而忠信亡焉。生而有耳目之欲，有好聲色焉，順是，故淫亂生，而禮義文理亡焉。然則從人之性，順人之情，必出於爭奪，合犯文亂理，而歸於暴。故必將有師法之化，禮義之道，然後出於辭讓，合於文理，而歸於治。用此觀之，然則人之性惡明矣，其善者僞也」。

按荀子只見人之生而好利，生而有疾惡，生而有耳目之欲，人之性不可從，人之情不可順，而不知人之生而有宜順者焉，順之則不爭奪，不殘賊，不淫亂，易曰：「蒙以養正，聖功也」註一九一。聖功在養之於蒙，蒙之爲物，物之初生者也。養者順其所生也。象曰：「山下出泉，蒙，君子以果行育德」。以者，以蒙也，以人之童蒙也。童蒙可果育德，是則人之生也，其性果惡而不可順耶？或謂國語記：「叔魚生，其母視之」，曰：「是虎目而豕喙，鳶肩而牛腹，谿壑可盈，是不可饜也，必以賄死，遂不視」。「楊食我生，叔向之母聞之，往，及堂，聞其號也，乃還，曰：其聲豺之聲，滅羊舌氏之宗者，必是子也」註一九二。「越椒之生，子文以爲大戚。知若敖氏之鬼不食」註一九三。子言人生而善，此非生而惡耶？曰：此氣質也，非性也。氣質之惡，原不可順，故橫渠先生言人之氣質可變化。性之善，天

註一九一　周易蒙卦彖辭。
註一九二　國語晉語。
註一九三　語意出左傳宣公四年。

生之，人不能添他一分，減他一分。中庸所謂率性之謂道。率性，即順性也。韓昌黎曾引此作原性，分性爲三品。真西山評之曰：「只曾說得氣，不曾說得性」。茅鹿門曰：「性之旨，昌黎原不見得，天命之原，已隔一二層」。昌黎謂荀子擇焉不精，吾於荀子亦然。

或又謂，荀子稱師法之化，禮義之道，使人出於辭讓，合於文理，而歸於治，其說非歟？曰：禮者，聖人爲民立極，以復所性也。出於辭讓，合於文理，其出其合，亦人之性所爲，非聖人於人而別有所加也。朱子曰：「德崇業廣，乃復其初，昔非不足，今豈有餘」註一九四。孟子言浩然之氣，其氣亦人生所固有，養者順之而已。好利好聲色，人之欲也，非性也。樂記曰：「感於物而動，性之欲也。物至知知，而後好惡形焉，好惡無絕於內，知誘於外，不能反躬，天理滅矣……滅天理而窮人欲……此大亂之道也」註一九五。

荀子只見得人欲之性甚惡，而不知天命之性甚善。且聖人之制禮，亦非爲人絕去其欲，乃爲人降伏其欲以復於性。禮運記大同之治，終之以「是謂大順」。順何？順其性也。大何？贊天地，育萬物，皆人所能爲之，其道亦不外至誠之性所彌綸也。大同出於小康。小康，行

註一九四　見朱熹小學集解題辭。
註一九五　見古註十三經樂記第十九卷十一。

禮之世也。大順出於大同，人所得於天者大。人之所同惟性，情則小而各別，世惟禮可以運而致之，故篇以禮運名。運之以禮，即運以人之性也。性若惡，尙可運用耶？荀子以情爲性，故其說與聖人制禮之原殊，言禮之爲用，亦多未合於聖人。

荀子曰：「凡禮義者，是生於聖人之僞，非故生於人之性也。故陶人延埴而為器，然則器生於陶人僞，非故生於人之性也。故工人斲木而成器，然則器生於工人之僞，非故生於人之性也。聖人積思慮，習僞故，以生禮義而起法度，然則禮義法度者，是生於聖人之僞，非故生於人之性也」。

按禮義法度，雖生於聖人之僞，然聖人視人爲土木，而若陶人之制泥，工人之制木，任人制所欲爲哉？土木可造爲各種器具，人亦可塑爲各種人耶？論語曰：「子張問十世可知也。子曰：『殷因於夏禮，所損益可知也。周因於殷禮，所損益可知也。其或繼周者，雖百世可知也』」註一九六。殷因夏，周因殷，因何？非因人之性耶？禮之形式，有可損益，禮之精神，

註一九六　見論語爲政第二。

不庸損益，故雖三代聖人，其爲道如出一轍。中庸所謂：「本諸身，徵諸庶民，考諸三王而不謬，建諸天地而不悖」註一九七。孟子曰：「聖人復起必從吾言」註一九八。

荀子喻人如土木，喻聖人之爲禮，如工人之爲器，是不知人與土木之有別也。亦不知禮之化人，非同於工人之制器也。中庸曰：「道不遠人，人之爲道而遠人，不可以爲道」註一九九，荀子遠人爲道矣！「詩云：『伐柯伐柯，其則不遠』，執柯以伐柯，睨而視之，猶以爲遠，故君子以人治人，改而止」註二〇〇。荀子視人如土木，遠於人而不知其取則也。

老子曰：「大制不割」註二〇一。荀子割人之性，其制亦不大也。程子曰：「聖人之於民也，如天地之化工，付與萬物，而已不勞焉」。若如荀子之言，出之於政，必勞甚，而終無成功。我觀荀子此言，直與告子之「性猶杞柳也，義猶桮棬也，以人性爲仁義，猶以杞柳爲桮棬」註二〇二無異，惜生於孟子後百餘年，不見正於孟子也。

註一九七　見中庸第二十九章。
註一九八　見孟子公孫丑章句上養氣章。
註一九九　見中庸第十三章。
註二〇〇　見中庸第十三章。
註二〇一　見老子道德經第二十八章。
註二〇二　見孟子告子上首章。

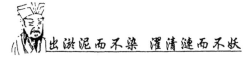

荀子曰：「孟子曰：人之性善。曰：是不然，凡古今天下之所謂善者，正理平治也。所謂惡者，偏險悖亂也。是善惡之分也已。今誠以人之性固正理平治邪，則有惡用聖王，惡用禮義矣哉。雖有聖王禮義，將曷加於正理平治也哉。今不然，人之性惡。故古者聖人以人之性惡，以為偏險而不正，悖亂而不治，故為之立君上之勢以臨之，明禮義以化之，起法正以治之，重刑罰以禁之，使天下皆出於治，合於善也」。

按荀子此說，其失有二：以正理平治爲善，偏險悖亂爲惡，人之善惡，其分別在是，是也。然此非人之性也，人情也。其不善者，情之發不本於性者也。孟子言人「見孺子將入於井，皆有怵惕惻隱之心」註二〇三，怵惕惻隱，發於乍見，情出於性，即正理平治也。性豈惡哉？一轉念間，或有「內交於孺子父母，要譽於鄉黨朋友，惡其聲而然」，則心不怵惕惻隱矣！則情離乎性矣！偏險悖亂之生，在此也，此豈性本惡哉！

註二〇三　見孟子公孫丑章句上。

大學言能慮能得，其功夫在明德，明德之明，其功夫又在止於至善，止於至善，其功夫又在能定能靜能安。荀子無養性之功夫，故不知人之惡出於離性之情，非發於爲情所本之性。以此非孟子之性善，其失一也。

又云：「人若正理平治，則無須有聖王及聖人之禮義」。其言似是而實非也。禮義之於人，不可斯須或去。故盛世之民，家絃戶誦，君子無故，不去琴瑟。偏險悖亂，生於無禮之世也。故聖人制禮，爲長治久安而設。荀子以聖人之禮，爲偏險不正悖亂而作，則禮是聖人防民，非愛民；重刑罰以禁之，則禮是罔民，非親民也。

立君之道，乃代天宣化，與民以立極也。刑罰之立，不得已而用之，亦刑期無刑，明刑以弼教也。孔子曰：「聽訟吾猶人也，必也使無訟乎！無情者，不得盡其辭，大畏明志，此謂知本」註二〇四。聖人豈重刑禁民以爲政哉？陸象山曰：「人見滿街皆盜賊，我見滿街皆堯舜」。孟子曰：「人皆可以爲堯舜」註二〇五，人之性善，故可同也。荀子此言，實刑名法術之源流也，無怪申韓之學，出於荀卿。以此非孟子之性善，亦多見其不知爲量也。其失二也。

註二〇四　見大學第四章。

註二〇五　見孟子離婁章句下。

荀子曰：「堯問於舜曰：人情何如？舜對曰：人情甚不美，又何問焉？妻子具而孝衰於親，嗜欲得而信衰於友，爵祿盈而忠衰於君。人之情乎！人之情乎！甚不美，又何問焉？唯賢者為不然」。

按衰於孝，衰於信，衰於忠，其人原有之孝與信與忠，用於外者，減少之謂也。非其人原有諸內者，亦爲之衰也。心爲物役，物欲外來者也。舜不美人之情，而以賢者爲對，非謂賢者無情也，賢者之情，其孝不衰於有妻子，其信不衰於得嗜欲，其忠不衰於得爵祿。非賢者之情美，賢者之性善也。

賢者何爲而若是？孔子曰：「舜執其兩端，用其中於民，其斯以爲舜乎」註二〇六。用中即用喜怒哀樂未發之中，用中即用天命之性。故終堯之世，君臣上下，吁俞都於，民衆嬉遊於光天化日之下，上以性治民，民亦以性應之也。

試觀堯用舜爲天子，用其克諧以孝，孝出於性，用舜之性也。不用胤子朱之嚚訟。嚚、

註二〇六 見中庸第六章。

訟、違所性也。不用共工之靜言庸違，象恭滔天，共工之方鳩僝功，不協於性也。不用鯀之方命圮族，鯀治水，失水性，不能行所無事也。舜慎徽五典，五典性所藏，人民皆因舜而有其性也。堯舜之世，一性世界也。堯對舜，美賢者之不然，非美賢者之情，美其性也。性定，情從性也。

易曰：「至哉坤元，萬物資生，乃順承天註二〇七」。承天，承乾而有其元，陰承陽，猶情順性也。坤得乾元而萬物資生，坤代乾生物，猶情代性而立功也。荀子不知禮係治人之情，以復人之性也。故下文爲說，尤多不合。

荀子曰：「繁弱、鉅黍，古之良弓也。然不得排儆，則不能自正，桓公之蔥，大公之闕，文王之錄，莊君之曶，闔閭之干將、莫邪、鉅闕、辟閭，此皆古之良劍也。然而不加砥礪，則不能利，不得人力，則不能斷。驊騮、騹驥、纖離、綠耳，此皆古之良馬也。然而必前有銜轡之制，後有鞭策之威，加之以造父之馭，

註二〇七　見易經坤封彖辭。

然後一日而致千里也」。

按此亦以物喻人，以聖人制禮，喻制物，擬不如倫也。今試以物論，良馬有銜轡，有鞭策，而後可日行千里，人之由仁義行，豈亦待外有之驅策而後行之耶？孔子曰：「爲人由己，而由人乎哉」註二〇八。人之性既復，柳下惠不以三公易其介也。良劍待砥礪而後能利，待人力而後能斷，豈人之於惻隱辭讓羞惡是非亦待外物之加而後有之耶？四端之動，如火之始然，泉之始達，七八月之間旱，天油然作雲，沛然下雨，雖槁苗猶可勃然而興。良弓得排璥而正，人之於道德也，孰正之？一己之良知良能有以使之然也。及其既正也，己亦不自知也。

故孟子曰：「由仁義行，非行仁義也」註二〇九。中庸曰：「日月所照，霜露所墜，凡有血氣者，莫不尊親」註二一〇。言其尊親，非自外至，自己尊親，自己之性，性本正而利，行而速，不待鞭策之加。情則有宜於鞭策之加，鞭策之加，亦使之內服於一己之性而已。荀子能勸學，而不知學之歸宿，其學猶有未至者乎？

註二〇八　顏淵第十二。
註二〇九　孟子離婁章句下。
註二一〇　中庸第三十一章。

或曰，荀子性言惡，雖以情爲性，與前古聖人之言不合，然曰禮可以化人之情以歸於善，與中庸言中節之和，必出於喜怒哀樂未發之中。孟子言桀紂之情，曰：「乃若其情，則可以爲善矣。」註二一。若，順也。順惡人之情，同歸於善也。其教育用心其實一也。孔子曰：「性相近也，習相遠也」註二二。相遠出於相習，習非性，人情之所遊衍不正也。習宜善，亦習之人之情上，習之於人之情而後有以善之也。又曰：「惟上智與下愚不移」註二三。上智不移於惡，情不爲惡動也。下愚不移於善，情不移於善，非不能移，所習惡，無禮義以化之也。曰下愚，聖人亦欲斯人不以下愚自居，亦望其移，此聖人之有教無類也。荀子言禮可化人之情，何常不與聖人同乎！

故荀子重禮甚是，言禮可化人亦甚是。特不知人之善，乃固有之物。非因聖人之禮而後有。其所以爲善，亦非因聖人之禮而加入也。聖人是使其善歸之於已，還其原而已。禮者，聖人制禮，皆從人之情上建立者，非踐跡，不可入室也。非下學，不可上達也。博之於情，而約之於性，使情有所主也。

註二一　子告子上第六章。
註二二　見論語陽貨第十七。
註二三　同上。

荀子在戰國，不爲游說之習，如蘇秦張儀之縱橫，故其人品之高，實不下孟子也。其論學論治，一以禮爲崇，反覆推辨，務明其旨趣，亦爲千古修道立教所不能外也。噫！其見世之亂極，欲反之於正，而故爲性惡之言耶？抑見世多有以性自高，洋洋自許乃率性而行，不肯爲學，而故爲是言耶。噫！使荀子尚在，將不知爲何文以痛哭於今之世也！

西銘問答

張子憫人類不能因人所固有者而用之，多造禍亂於世間也，故立此銘，谷以知其所由。然人猶有不能驟至，或放棄此銘，而不加深察，爲此問答，以就正高明。

一、程子明道謂「訂頑之言，極純無雜，秦漢以來，學者所未到，意極完備，乃仁之體也」註二一四**。問仁有體耶？體從何而後人能有之。**

曰：仁之體，人生所固有也。天與之，人共有之。特張子善發明其道，俾人人不失其所用以完成爲人之道而已。朱子曰：「明德者，人之所得乎天，而虛靈不昧，以

註二一四　見台灣中華書局出版四部備要，乙部張子全書卷一第九頁。

具眾理，而應萬事者也」註二一五。西銘之仁，即大學之所謂明德也。人能仁，則明德無不明，而治平之道，亦不外是。

二、仁既為人所共有，而他人未能如此有之者，何故？

曰：人氣爲稟所拘，物欲所蔽，則有時而昏。故大學言明明德，其功夫必要到止於至善，而後明德以明。至善者，能定能靜能安之謂也。能定能靜能安，而后能慮能得。慮與得，定靜安所生之結果也。張子之西銘，言仁之所由生，又言仁之能慮能得也。張子之能有此銘，蓋窮理日久，有能定能靜能安之功夫也。

三、程子明道又言：「訂頑立心，便可達天德」註二一六。天之德，人可達之耶？

曰：孟子曰：「盡其心者，知其性也。知其性，則知天矣」註二一七。人之性，命自天，

註二一五 見朱子四書集註大學首四句之註解。
註二一六 見張子女全書卷一第九頁。
註二一七 孟子盡心章句上首四句。

人能盡其心，則天之所以爲命，不在天而在我，我既得天之所以爲命，我自與天同其德。易曰：「先天而天勿違，後天而奉天時，天且勿違，而況于人乎？況于鬼神乎？」註二八。人不患不能達天也。但患其立心，不與西銘若也。

四、西銘言「不弛勞而底豫，舜其功也」。舜之功，能使父頑母象傲，克諧以孝，何申生之未能也？

曰：舜之功，只是用一箇自己之仁，用以曲盡事親之道，其能有此功，非於仁外而別有所以也。當其耕於歷山，日號泣於旻天」註二九。萬章問曰：「何爲其號泣也」註三〇？孟子曰：「怨慕也」。怨者，怨己之不能孝也。慕者，慕父母之何以不我愛也。舜之心，不能已於怨慕，舜之仁，即從怨慕而日增也。久之，事親之道，日盡一分，克諧之道，亦日深一日。又久之，父母之仁，亦與舜之仁，本無勿同者，亦無所間隔。

註二八　見周易乾卦文言。
註二九　見孟子萬章章句首章。
註三〇　同右。

孟子曰：「至誠而不動者，未之有也。不誠未有能動者也」註二二。舜之功，其高於人者，雖係舜之孝，實爲舜之仁所發出也。瞽叟之慈，亦瞽叟之仁與舜之仁相感而終不能沒也。易曰：「天地感而萬物化生，聖人感人心，而天下和平。觀其所感，而天地萬物之情可見矣」註二三。天人一也。

至申生但知一死事其父，其結果反陷父於不慈。申生之孝，猶有未盡。即申生之仁，猶有未至也。西銘言仁，而孝亦在其中者，孝爲仁之所自出，能孝之人，未有不能仁，即能仁之人，未有不孝者也。

五、「知化則善述其事，窮神則善繼其志」。化，天之道也。人可知之耶？神，不可見不可聞人可窮之耶？

曰：天之道，天固有之。人可盡天之所有者，人爲三才之一，居天地之中，人之氣，即天地之氣。天地之氣，有時人且可轉移之，不僅知之窮之而已也。中庸曰：「致

註二二　見孟子離婁章句上。
註二三　見周易下經咸卦彖辭。

中和，天地位焉，萬物育焉」註二二三。致中和，人也。位天地育萬物，亦人也。人能位之育之，非人善繼天之志，善述天之事耶?易曰:「乾道變化，各正性命」註二二四。人用乾之道，人之性命以正，各正性命，則萬物亦由人各得其所。

王船山曰:「天在我，我憑誰，我即與天分伯仲，更誰愁老誰愁穉，矇瞳日月花前醉，纔覺骷髏非異類，酣嬌寐」。註二二五人得天道，境界若是焉而已。

但用功於知與窮之時，不可向身外而別有事焉。孟子曰:「萬物皆備於我，反身而誠，樂莫大焉」註二二六。其爲知爲窮，即本身之誠所生也。中庸曰:「其爲物不貳，則其生物不測」註二二七。爲物不貳，即能知能窮之本根所在。生物不則，即繼之善也。爲物之物在內，生物之物在外。內有其物，然後盈天下之物，皆可自我生而不測也。

孟子曰:「所過者化，所存者神，上下與天地同流，豈曰小補哉!」註二二八。過化存

註二二三　見中庸第一章。
註二二四　見周易乾封彖辭。
註二二五　見船山全集詩集。
註二二六　見孟子盡心章句上。
註二二七　見中庸第二十六章。
註二二八　見孟子盡心章句上。

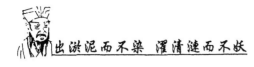

神，皆內有諸己。上下與天地同流，則所述所繼無勿善。

「子張問十世，可知也？子曰：殷因於夏禮，所損益，可知也。周因於殷禮，所損益，可知也。其或繼周者，雖百世可知也」註二二九。百世可知，知禮中之損益耶！損益之要，在不損不益之中有因，因何？子曰：「人而不仁，於禮何？人而不仁，於樂何？」註二三〇？禮救護人之不仁也。三代之善政在「禮」。三代之禮在「因」。三代之禮能「因」，即三代聖人善述善繼之所在。三代聖人之善述善繼，其所善即在知化窮神。

六、違曰悖德，害仁曰賊。去違與害，抑有法否？西銘未言及之。

曰：悖德害仁，非悖者害者之過，國失教育，則有以致之。孟子言放勳之敷教也，曰「勞之來之，匡之直之，輔之翼之，使自得之」註二三一。自得何？人得自己之仁。人於仁不得，則悖德害仁之事起也。詩曰：「天之牖民，如壎如篪，如取如攜，攜

註二二九 見論語爲政第二。

註二三〇 見論語八佾第三。

註二三一 見孟子滕文公章句上。

無曰益，牖民孔易，民之多辟，無自立辟」註二三二。詩人頌天牖民，亦以仁惟能化人之不仁也，自立辟者，不法天所爲，不以仁立教，使民日入於不仁，民之不仁，辟有以爲之也。

詩曰：「虞芮質厥成，文王蹶厥生」註二三三。「虞芮之君，相與爭田，久而不平，乃相謂曰：西伯仁人也，或往質焉。乃相與朝周，入其境，耕者讓畔，行者讓路；入其邑，男女異路，斑白者不負挈；入其朝，士讓爲大夫，大夫讓爲卿。二國之君，感而相謂曰：我等小人，不可以履君子之廷，乃相讓以其所爭之田爲田而退，天下聞而歸者，四十餘國」註二三四。此文王之教，化被萬方，不仁者感之，亦能無不仁也。悖德害仁，事出有因，能知其悖與害之所在，而早化之，則事妙。老子曰：「其安易持，其未兆易謀，其脆易泮，其微易散。爲之於未有，治之於未亂。合抱之木，生於毫末；九層之臺，起於累土；千里之行，始於足下」註二三五。去違與害，能索其

註二三二　見十三經古註毛詩卷十七大雅板章十七頁。
註二三三　見十三經古註毛詩大雅卷十六。
註二三四　見毛詩大雅卷十六虞芮質厥成毛註。
註二三五　見老子本義第五十五章。

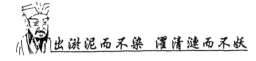

始，人之有德，何至於悖！人之於仁，何至於賊！

七、天地之塞，吾其體，天地之帥，吾其性。世有如此之人耶？恐徒托空言，不能現諸事實也。

曰：古不乏其人，「禹思天下有溺者，猶己溺之也，稷思天下有饑者，猶己饑之也」。禹稷之功業，禹稷之體也，禹稷之性也。禹稷有不與天地同者耶？且天地之體，天地之性，不獨在上位而後能有之也。孟子曰：「禹稷顏回同道」註二三六。禹稷在朝，顏回在野，而能同道者，同何道？人之仁也。仁有諸內，則事無不形諸外，欲不同不可得也。

吾其體，吾其性。曰其體，曰其性，即吾輩之體吾輩之性，生來即與天地同，非被他人驅使，而後有之也。後世有徒托空言者，未有體與性也。其體其性，非不具在，物欲過強，則有以蔽之也。

註二三六 見孟子離婁章句下。

孟子曰：「苟能充之，足以保四海，苟不充之，不足以事父母」[註二三七]。西銘爲人指點其體其性，欲人不自小，既有之而勿失之也。以與天地同也亦孟子欲人知皆擴而充之義也。

八、仁為五常之首，五常性所出也，西銘只言一仁，能盡性之所有耶？

曰：天下未有仁而不義禮智信者也。亦未有義禮智信而不仁者。子思曰：「惟天下至誠，惟能盡其性。能盡其性，則能盡人之性。能盡人之性，則能盡物之性。能盡物之性，則可贊天地之化育。可以贊天地之化育，則可與天地參矣」[註二三八]。張子言仁，即子思言性。仁雖出於性，性可統仁。仁之至，繼無性不至。猶性之至，亦斷無仁不至。踐跡以入室，下學能上達。人只患仁不盡，不患仁既盡，而性猶有缺也。擴仁之量，盡仁之爲，循張子之所言，即子思率性之謂道也。西銘一文，不在中庸

註二三七　見孟子公孫丑章句上。

註二三八　見中庸第二十二章。

以外也。

九、後生論性，為說不一，以誰為是？

曰：漢王充率性篇，楊雄性善惡混，戰國荀卿性惡篇，唐韓昌黎性分三品，皆雜以氣質立論。王荀之言尙矣，知性惡者，悉可變化。又知變化之法，惟聖王之禮爲高。然不知人能受禮之變化，悉爲人之氣質，禮於人之氣質能變化。禮於人之性，卻未嘗加減一分，但因而成之使勿散失之而已也。

孔子曰：「生而知之者，上也。學而知之者，次也」註二三九。禮爲學知，非生知也。生知乃是性。孟子曰：「堯舜性之也，湯武身之也，五霸假之也」註二四〇。聖人之仁管仲，言由其道，能使不性者，復之於性，非謂管仲之所假，即性也。聖人之禮，因人之性以成之，引人以恢復其性而已，若人本無此善性，若牛馬然，聖人之禮雖善，亦無從以善之。且禮之爲善，是引而不發，未嘗責人以善，而使人自歸於善也。

註二三九　見論語季氏第十六。
註二四〇　見孟子盡心章句上。

中庸曰：「以人治人，改而止」註二四一左傳曰：「民受天地之中以生，所謂命也。是以有動作禮義威儀之則，以定命也」註二四二。動作威儀，禮也。定命，定天所與我之性也。凡禮在，則人之日用云爲，無處不有性在。久之禮中之所有，悉爲吾性之所有。吾不與禮違，即性不與吾去。孟子曰：「由仁義行，非行仁義也」註二四三。荀子一代大儒，知禮之爲用大，惜於禮之來源，尚未分曉。聖人制禮之意，尚未通達。其謂性惡，有由然也。

十、人生自天，亦有法以善其所生，使人類無弗善焉否？

曰：人之生有善有惡，亦惟氣質有清有濁之故，感其氣之清者，則生而善。感其氣之濁者，則生而惡。推求清與濁於人之所以然，不在已生，而在形骸猶未完成之時。易曰：「先天而天勿違，後天而奉天時」註二四四。後天之善，出自先天之善也。

註二四一　見中庸第十三章。
註二四二　見十三經古注春秋經傳集解成公下第十三。
註二四三　見孟子離婁章句下。
註二四四　見周易乾卦文言。

昔朱子慨大學治平之道，二千餘年不復見，謂係無小學以立其基，乃集小學一書，其書首引列女傳，稱文王教一知十，教十知百，悉自太任懷孕文王時，能用胎教法，目不視惡色，耳不聽惡聲，口不嘗邪味，瞽朝誦詩，史夕說書，太任之心既正，故文王生而自聖。

孟子曰：「人之所學而能者，其良能也。所不慮而知者，其良知也」註二四五。程子曰：「良知良能，皆無所由，乃出於天，不係於人」註二四六。出於天，惟胎教能以善養人之天也。易曰：「一陰一陽之謂道，繼之者，善也。成之者，性也」註二四七。胎教善，即繼之者善也。文王教一知十，教十知百，文王知聖，即成之者性也。文王之性，文王之母有以成之。文王氣質之賦予，得天之清秀之氣而無其濁也。

或曰：孔子言有教無類，亦用胎教法耶？曰：孔子此言，係就人既生以後，不能盡善，苟能善其法於教育，則惡者亦可感化為善。中庸言修道之謂教是也。朱子曰：

註二四五　見孟子盡心章句上。

註二四六　見孟子盡心章句上人之所不學而能章句。

註二四七　見古注十三經周易繫辭上卷七。

「人知聖人之有教，而不知因吾所固有者而裁成之」[註二四八]，易曰：「財成天地之道，輔相天地之宜」[註二四九]，惟教育具有之也。其化人爲善，雖與胎教同，而爲時不同也。張子一生言學，善言變化氣質，其理即自此中產生。

易蒙卦彖曰：「蒙以養正，聖功也」。周公曰：「山下出泉，蒙。君子以果行育德」。泉始自山出，水之最清者也。曰養曰以，謂宜於其清時而善其保養之功夫也。亦諭人自有生以後，要慎其教育也。

周禮一書，里閭鄉黨，莫不有學，學無不用禮樂。朱子曰：「禮，天理之節文，人事之儀則」[註二五0]。周公以此立教，成康之世，人不犯法，天下太平有由然也。或曰：胎教既善，文王之母能行之，而周禮不言，何也？曰：禮樂可盡胎教之本之善者於天下之人，天下之人既有禮樂，即無不有其胎教法也。後世禮樂亡，并胎教亦不知用，天原以善生人，而人不能以有其天之道，遑問三才一以貫之乎？

註二四八　見中庸首三句朱註。

註二四九　見周易泰卦大象辭。

註二五0　見四書集註論語學而第一禮之用和爲貴章句解。

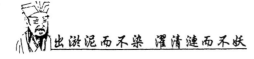

十一、天命人以仁，其為命之時，亦有景象歟？可得而聞歟？

曰：中庸言喜怒哀樂之未發謂之中，未發之中，即天之所以爲命也。但未發之中，須戒慎乎其所不睹，恐懼乎其所不聞，慎獨有功夫，然後達未發之中，此時之景象，即天之所以爲命之景象也。詩曰：「維天之命，於穆不已，於乎不顯，文王之德之純」[註二五一]。於穆，天爲命之景象也。文王之德之純。即文王有天之爲命也。又曰：「穆穆文王，於緝熙敬止」。文王之穆穆，即文王於天之熙，所由以緝也。熙，即天爲命時之景象也。文王敬止於熙，即文王能有天之爲命也。

老子曰：「道之爲物，惟恍惟惚，惚兮恍兮，其中有象，恍兮惚兮，其中有物，窈兮冥兮，其中有精，其精甚真，其中有信，自古迄今，其名不去，以閱衆甫，吾何以知衆甫之然哉，以此。」[註二五二]。甫，衆物也。以此者，天以此恍惚窈冥也。恍惚窈冥，即天爲命時之景象也。人有功夫，到恍惚窈冥，即人有天之爲命也。

註二五一　註見詩經周頌。
註二五二　見老子本義第十八章。

易曰：「大哉乾元，萬物資始，乃統天」[註二五三]。資始，即資此恍惚窈冥也。恍惚窈冥，即天爲命時之景象也。人有功夫，到恍惚窈冥，即人有天之爲命也。恍惚窈冥，即乾元爲亨之時，有此景象也。

易之爲書，處處言天，卻處處以景象言之。殆欲人領取景象之來源，以有諸身，以與天同也。

十二、三教聖人言道，同以仁言之耶？

曰：言仁之理，莫詳於儒。言仁之體，莫善於老。言爲仁之法，莫備於佛。周易，儒家之言也。六十四卦卦爻之吉者，皆仁之源，於時得之，而後有以以成也。言天之道耶？言人皆可以仁而有天之道也。故曰「立人之道，曰仁與義」[註二五四]。

老子言「有物混成，先天地生，寂兮寥兮，獨立而不改，周行而不殆，可以爲天下母」[註二五五]。又曰「其上不皦，其下不昧，繩繩兮不可名，復歸於無物，是謂無狀之

註二五三　周易乾卦彖辭。
註二五四　見周易說卦卷九。
註二五五　見老子本義第二十一章。

狀，無象之象，是謂惚恍」註二五六。此言仁之體，仁猶未生之時也。人有此景象，即仁之體以立也。

佛言「善男子，善女人，發阿耨多羅三藐三菩提心，應如是住，如是降伏其心」註二五七，人能住、能降伏其心，即人能有其仁也。六祖言「不思善，不思惡，那個是汝本來面目」註二五八。此佛之所以能明心見性也。見性，即仁在其中也。過去心、現在心、未來心，所由以空。人相我相眾生相，所由以無也。佛法尚空，與儒言「寂然不動」註二五九同，老言「玄之又玄，眾妙之門」註二六〇，與佛言「萬法從自性生」註二六一，儒言「吾道一貫」註二六二同。

非謂儒有理而無法無體也，老有體而無清無理也，佛有法而無理無體也，各有其所

註二五六　見老子本義第十三章。
註二五七　見金剛經善現啓請分第二。
註二五八　見六祖壇經自序品第一。
註二五九　見古註十三經周易繫辭上卷。
註二六〇　見老子本義首章。
註二六一　見六祖壇經懺悔品第六。
註二六二　見論語里仁第四。

高明者也。三教同係闡明人之仁也，同係闡明人之仁以入於性也。

十三、為仁之方，亦有先後否？

曰：凡事有本末先後，不可躐等以求。大學言其本亂，而末治者，未之有也。故平天下，必出自能慮能得，能慮能得，能慮能得，必先有定靜安之功夫。

中庸言達道，必出自未發之中，故曰中也者，天下之大本也。

孟子言浩然之氣，塞乎天地良間，必先有至大至剛之氣，然後能塞。至大至剛之氣，又必先有直養之功夫，然後至大至剛之氣，從此以生。而直養無害之功夫，其爲直又必從必有事焉，而勿正，心勿忘，勿助長。然後所養者，能直而無害[註二六三]。此一爲仁之功夫，先聖先賢所言，皆有先後也。而功夫達到精深處，功夫中當有功夫也。

佛言「應無所住而生其心」[註二六四]，生心之心，非復有所住時之心也。

註二六三　見孟子公孫丑章句上不動心章。
註二六四　見金剛經莊嚴淨土分第十。

老言「谷神不死，是謂玄牝，玄牝之門，是謂天地根，綿綿若存，用之不勤」註二六五。若存，存其不死之神也。存不死之神，尚要用之不勤，則所生之神，亦非復向時之神也儒言，「惟精惟一，允執厥中」註二六六。執中之中，功不精一，不能允執也。允執之中，豈僅爲執於一時已耶？子曰：「苗而不秀者，有以夫。秀而不實者，有以夫」註二六七。不秀，功夫有錯亂也。不實，功夫到此而不能上達也。

老子曰：「天長地久，天地之所以能長且久者，以其不自生，故能長生。」註二六八。吾人要有不自之功夫，要到能代天地以爲生者而我有以生之，而後我爲仁之本不竭。老子又曰：「天地不仁，以萬物爲芻狗；聖人不仁，以百姓爲芻狗」註二六九。橫渠之言仁，從天地與聖人，同在不仁處所生之仁以言之也。伊川曰仁之體，體何？詩曰：「上天之載，無聲無臭」註二七〇，耳不可而聞，口不可得而言也。

註二六五　見老子本義第五章。
註二六六　見古註十三經尙書卷二大禹謨。
註二六七　見論語子罕第九。
註二六八　見老子本義第六章。
註二六九　見老子本義第五章。
註二七〇　見古註十三經毛詩卷十六大雅文王篇。

孝道在社會倫理中之傳統價值

我國社會倫理教育之梗概

訓詁學之條例有云：「凡從侖得聲之字，皆有條理義」。倫者，人與人相處之條理也。人與人之間，若無條理可資依循，則人類社會與禽獸之群聚何異？其相互傾鬥，弱肉強食之情況，尤厲於禽獸千萬倍矣。蓋人乃萬物之靈，具思想，善謀略，體貌全而健，運作活而滑。苟用其不正之智謀，營私取巧。才智大者，組合千百億萬之眾，暴力以除異己；而邪說惑眾者，致生靈塗炭，萬劫而不可復。其爲害勝於禽獸千萬倍，豈不然哉？此人之倫理泯滅，情慾作祟，有如是之烈也。

然人亦有天賦之善性，本質正直純美，高潔無瑕。苟教育而善導之，可躋人類社會於祥和。詩曰：「天生蒸民，有物有則，民之秉彝，好是懿德」。「秉彝」，天賦吾人常久不變之善性也。「好是懿德」，愛美德乃吾人共同之心聲也。「有物有則」，爲吾人「好懿德」之天賦善性，所表現出之一致理性也。理性一致，而後形成「有物有則」之可喜現象，道德之講求、法律之遵守、公理正義之重視，均於是乎在。而人類社會得循秩序之軌跡前進，故文明而再文明矣。

然而人類社會文明之路非坦途，太平之時少而亂離之日多，喧譁擾攘，爭奪不已，人與人爭，家與家鬥，國與國伐，終至國際集團對峙。非僅滯礙難行，且將毀文明於一旦矣。皆以人之善性蔽於物慾，而造成此一惡果也。

我先聖早見於此，除以身教顯於當世，並筆之於書，垂教後世，乃智慧之結晶，期人類社會共享康樂太平之生活。其教育之方法爲何？就道德行爲而言，其法有二：

中庸曰：「自誠明，謂之性。自明誠，謂之教。誠則明矣，明則誠矣」。二者入手方法不同，而其結果與目的全同，同爲恢復人之天理良心，使行爲皆中節，無過與不及之差也。故朱熹釋誠之義曰：「真實無妄之謂」，指心之真實而無邪妄，即吾人善良之性也。

「自誠明，謂之性」。其學習之方法，爲探求人身之隱深幽靜之處，即內修心性之學，中庸所謂以愼獨之功夫求喜怒哀樂未發之中也。又即大學之格物致知，明明德，而後親民之義。功夫做到純熟之境域，則一切言行，發而皆中節。此與佛家先明其心，而後能見性，明心見性，「應無所住，而生其心」；道家「爲無爲，而無所不爲」之精義，皆不謀而合。

皆自人生之初，秉賦於天之源頭幽靜之處，下清理之功夫。源頭清而性明，性明而後發能中節，知行合一，表裏一致也。無他，蓋探究人之知覺行爲之前，尙應有一段工夫之修持。此聖學之傳，而有陸象山、王陽明主靜之說也。此點已超出本文討論範圍，姑略及之。

「自明誠，謂之教」。即以教育方式，使明其性分之理，亦即中庸云：博學、審問、愼思、明辨，而後篤行之，功由外入，此二程、朱熹主教之說所由來也。

吾國儒家之教育，崇尙孔孟。孟子曰：「人之有道也，飽食煖衣，逸居而無教，則近於禽獸，聖人有憂之，使契爲司徒，教以人倫，父子有親……」。又曰：「學則三代共之，皆所以明人倫也。人倫明於上，小民親於下，有王者起必來取法，是爲王者師也」。自舜之時，即設官主持國家之教育。「明人倫」，即使人明曉人與人相處之關係，宜合乎天理之儀節也。人倫，五倫也。五倫涵蓋人群社會相處之一切關係，此吾國傳統道德之精華也。

時代變遷，環境亦益趨複雜，然人類生存於地球，地球乃太陽系得天獨厚之星球，太陽系之諸星球不變，地球之萬物生息繁衍永恆，則人類處於兩間所稟賦之靈秀之氣，亦屬永恆不變。中庸所謂「天命之謂性」，左傳「人受天地之中以生，所謂命也」。孟子所謂「良知良能，不待學而能也」。董仲舒曰：「天不變，道不變」。人之秉賦，亦萬古常新而無異也。

五倫始於孝弟之義，明其理，誠其心，孔子云：「予一以貫之」，則一通百通，自可隨事物而靈活變通，以適應吾人之種種關係，不必倡「多倫」以徒增困惑。如孔子教子張：「言忠信，行篤敬，雖蠻貊之邦行矣。言不忠信，行不篤敬，雖州里行乎哉」。又大學云：「與國人交，止于信」。禮記云：「忠信之人，可以學禮」。此皆言明倫之教，必以修身為基礎，而後可擴展於人群也。雖蠻貊之故邦，世界上任何國家，皆可用此明倫之基礎而推行之，此國人、朋友擴充之義也。然教育不當，不足以復民之善性，雖百倫亦無成效可言。爰就「父子有親」孝道一倫，略抒淺陋：

孝道為道德之本

孝經開宗明義章，子曰：「先王有至德要道，以順天下，民用和睦，上下無怨，汝知之乎？曾子避席曰：『參不敏，何足以知之』。子曰：『夫孝，德之本也，教之所由生也』」。此言先代聖德之國君，能順應天下之人心，即在行此極重要之感化人心之方法，教民以孝道至德，使全國上下臣民、和睦共處。無任何間隙仇怨，而天下可太平而無爭權奪利之亂事也。蓋孝，乃吾人有生命即有此善良之稟賦，聖人因人固有者以立教也。故云：孝者，德之至，道之要也。而道德絕不可離於孝也。

孝經三才章。曾子曰：「甚哉！孝之大也」。子曰：「夫孝，天之經也，地之義也，民之行也。天地之經，而民是則之。則天之明，因地之利，以順天下。是以其教不肅而成，其政不嚴而治」。此言曾子既知孝自天子以至於庶民，無論地位之崇卑，皆可行孝以入於至德，始知孝之偉大也。孔子告以不但如此易行，且其理法天地現象而來也。以天常明，地常利，人則以孝爲常行也。蓋孝，乃吾人之行爲永恒而不能變易者也。以之施於政教，不待威猛嚴肅，而國民之行爲，必自然趨向善良，和平而理治矣。

孝經聖治章，曾子曰：「敢問聖人之德，無以加於孝乎」？子曰：「天地之性，人爲貴；人之行，莫大於孝；孝，莫大於嚴父⋯⋯夫聖人之德，又何以加於孝乎」。人爲萬物之靈，異於萬物，故曰貴。孝爲道德之根本，故曰大。聖人亦人也，其德何以大於孝耶？故論語曰：「君子務本，本立而道生，孝弟也者，其爲仁之本歟」；行孝行弟，即是務本。由教入手，則可進入自然之道。儒家以仁爲本，而孝又爲仁之本。孟子曰：「親親而仁民，仁民而愛物」。至仁民而愛物，則浩然正氣，擴充於宇宙，萬物皆得其所，此孝道之極至矣。

子曰：「夫教，始於事親，中於事君，終於立身」。是爲強調吾人一生皆得行孝也。

自事親始，繼之則服務社會，效忠國家，二者皆致，則揚名顯親，是謂終於立身也。孝即爲人稟賦於天，故聖凡平等，孟子所謂：「堯舜與人同耳」。聖哲明乎此以立教，使人民保持善良之心，和睦共處，則社會安寧矣。

孝道為敬愛心理之自然流露

孝道爲敬愛心理之自然流露，培養勿失，乃教育之正法也。說文曰：「孝，善事父母者。從老省、從子、子承老也」。善事父母，爲天性自然行爲之流露。故孟子曰：「孩提之童，無不知愛其親者，乃其長也，無不知敬其兄也」。兒童之自然流露，即良知良能，不待學而能者也。

孔子答子游問孝，曰：「今之孝者，是謂能養，至於犬馬，皆能有養，不敬，何以別乎」？答子夏問孝，曰：「色難，有事弟子服其勞，有酒食先生饌，曾是以爲孝乎」？此孔子因材施教材，答二生之言雖不同，然其意謂孝道之義，均應隨時注重恭敬，必有和悅之顏色與儀表，方足爲孝之道也。並糾正當時言孝道之錯誤觀念，以免學生同流合污也。敬，即精神專一而無苟且之謂也。

夫人由幼年、青少年、壯年，而七情喜、怒、哀、懼、愛、惡、欲，亦隨年齡而增進，物欲由外在來，隨時引誘我內心之所有，每於接觸時一有不慎，則走入偏差，善惡之途，即在此瞬息時刻，程子所謂：「一心之微，眾欲攻之，其與存者，嗚呼幾希」！異於禽獸者幾希，即在此心。聖人有憂於此，欲使人保有此善良之天性，故設立學校，由幼小之時，即設法培養，勿使受外來之邪惡污染。先從動作行為著手，制定入孝出悌禮儀之節，使日常習之而成自然。論語曰：「弟子入則孝，出則悌，謹而信，汎愛眾而親仁」。幼而習，長而行，有制於外以養其中也。做到儀則無不妥當之時，即詩經所謂：「威儀逮逮，不可選也」。則一言一行皆可為法則也。

古者十五而入大學，其培養敬愛之心與孝道之方，工夫更為密切，由格物（依清儒劉沅解，格物，即格去物欲之義）做起，然後致知、誠意、正心、修身，擴而充之，致於天下國家。聖王教育之重點，為惟心之學，人之心術端正，然後一切言行與事業，不致有所偏差。孟子有云，養浩然之氣而後能知言也。無偏差，則善良之稟賦無缺失，而孝道亦自然存在。此種教育乃徹始徹終一貫之道理，故基礎之建立與否，自小者而言，為君子與小人之分野，大者則影響恆及世界人類之安危，其價值有如此也。

敬愛心理與態度為立身處世之本

敬愛父母與兄友弟恭，爲人人皆有之善良本性，能保持完善，並擴大其效用，達於萬民及後世者，則爲聖人。孟子云：「聖人先得我心之所同然」。又云：「君子之所以異於人者，以其存心也。君子以仁存心，以禮存心。仁者愛人，有禮者敬人」，故孝經上孔子曰：「愛親者不敢惡於人，敬親者不敢慢於人。愛敬盡於事親，而德教加於百姓，刑於四海」。人之行爲，由愛親、敬親，發展而爲不敢惡於人，不敢慢於人，則人與人相憎惡敵對之事無有；小集團、大派系、各立門戶之政經學界，彼此排斥不友好之事，亦將無有！各階層咸捐私慾，爲公互助共進，社會豈不文明祥和耶？「德教加於百姓，刑於四海」，於今日乃教育主管機關之重責也。爲全民樹立崇尙道德之意願，使蔚然成風，實爲當務之急！

論語曰：「惟孝友於兄弟，施於有政」。敬愛之心理及行爲，先實行於家庭中，則家庭和順安樂。爲政之理與目的亦然。故孝經云：「教民親愛，莫善於孝，教民禮順，莫善於悌」。又云：「君子之事親孝，故忠可移於君；事兄弟，故順可移於長；居家裡，故治可移於官。是以行成於內，而名立於後世矣」。故知本此真實之心，推行於社會人群之中，則社會無不諧和，而強凌弱，眾暴寡，盜竊亂賊之邪風，必消滅於無形矣。

故國家之強盛，社會之安全，必先固其本。不論農業社會，或今之工業社會，皆不能改變此一道理。我國古聖先王以行仁政而王天下爲宗旨，不用霸道，欲人民保有仁愛之本心，不致放失，則以教孝爲之基礎。論語，有子曰：「其爲人也孝弟，而好犯上者，鮮矣。不好犯上，而好作亂者，未之有也。君子務本，本立而道生。孝弟也者，其爲人之本與」。苟棄此不講，或雖講而不能實際推行其成效，以追求尖端科技是務，而忽人民心理建設。則科技愈進步，其爲害亦將益深且烈也。教學有偏差，則好惡不得其正，民歧途忘返，必導致人慾橫流，禍患無已！舉世若此，則世界大戰之爆發，科技利器之毀滅人類，朝不待夕矣。人心既腐，欲家國天下之安寧，其可得乎！此先覺之士，深以爲憂也。

孝道為我國傳統社會倫理之無價瑰寶

孝道爲我中華民族於歷史遺產中，歷經客觀選擇而保留之優良傳統道德。由個人、家庭之講求而延伸至社會國家，而優良之傳統社會倫理之維繫與保存，實有賴孝道之宏揚，蓋以其放諸四海而皆準也，亦係吾民族生存歷史之主流也。不講孝道，每爲國人所鄙視，時至今日，孝道亦能承受任何現代價值標準之衡量，不僅無礙於吾人未來文化發展之要求，且宜積極推行而不容緩也。

或謂事親孝眘，乃道德行爲，係個人品德。品德佳，未必善於待人接物，故道德與倫理兩者無關。此說何其狂謬！試問心不正，品德不佳，則與人何以善處？遇事何能善謀？人與人之良好關係又如何建立！則社會之紊亂必然也。

政府播遷來臺，勵精國治，已形成今日之均富社會，人人生活環境優裕，衣食住行豐足，物質生活已無虞匱乏。然於精神文明之美德，未能平行提昇，且有日趨腐化之憂，何則？一言以蔽之，漠視我國優美文化足以奠定社會秩序之倫理基礎，亦即漠視孝道之存在及其價值也。故社會暴戾之氣，治安之不良，欺詐巧取，背信忘義，奢侈淫亂及低俗文化之漫延，與乎高度開發之經濟，及國民所得之提升，相對而不成比例，實有損國家之形象，道德式微，亦勢必窒礙社會之繁榮，國基之鞏固也。

值此之際，孝道在社會倫理中之傳統價值，當益形突出，更顯示其重要性。孝道於外形上之意義，似屬個人品德問題，實則係以敬愛忱摯之心，發而爲有守有節，盡忠職責，待人謙和而有禮之儀態。

目前社會之經濟罪犯，殺人掠奪之暴行，不能善盡職守分，見利忘義，只圖坐享其成，追逐奢華逸樂，雖豐衣足食，仍不足以滿足其慾望。又如交通紊亂，環境污染，不思社會集體之安全，此乃自私自利心理，完全漠視他人之生活，所造成之嚴重後果。此等現象，皆社會道德低落，社會倫理瀕臨危機，若能重植孝道，於幼童時期，教之入孝出悌之儀節，稍長講求義利之辨，善惡禍福之根由，定心立志，使人皆成有守有爲之人。則此類現象必將消弭於無形。

故孝道實質上係維繫吾民族社會人倫關係之無價瓌寶，不論工業社會如何發展迅速，然孝道之宏揚推展，不可或缺，實則如今已嫌太晚，我願大聲疾呼，想喚醒執政諸公及吾國民，應速值基於個人及家庭，並拓域於全民之道德教育，由政府與傳播媒體之盡心輔導，以收實效！復國建國康樂之道，其在斯乎！（原刊於臺灣省教師精神修養專輯第十五輯社會倫理）

莊子逍遥遊解剖

自晉以來，對莊子逍遙遊就有兩種不同的看法：一是郭象、向秀等人的意見：「小大雖殊，而放於自得之場，則物任其性，事稱其能，各當其分，逍遙一也。豈容勝負於其間哉」？一種是支道林的意見，梁劉孝標文學篇注引支道林的逍遙論曰：「夫逍遙者，明至人之心也。莊生建言大道，而寄指鵬鴳，鵬以營生之路曠，故失適於體外，鴳以在近而笑遠，有矜伐於心內，至人乘天正而高興，遊无窮於放浪，物物而不物於物，則遙然不我得，言感不爲，不疾而速，則逍然靡不適。此所以爲逍遙也。若夫有欲，爲其所足，足於所足，快然有似天真，猶饑者一飽，渴者一盈，豈忘蒸嘗於糗糧，絕觴爵於醪醴哉？苟非至足，豈所以逍遙乎」？

郭象是真能了解莊子的，由他的莊子序及其全書注釋中看得出來他那一貫無瑕疵的道理，但有些地方，仍簡略，未能將道理闡說詳盡。

至於支道林的意見，即所謂「絕對自由」，則未免有點浮淺而不著邊際，本來逍遙遊就是絕對自由，端在「自由」所指爲何，假若盡是向外界事象說去，則指歸難明，理也難以自圓其說。

史記老莊申韓列傳記莊子有云：「其學無所不窺，然其要本歸於老子之言，故其著書十餘寓言，大抵率寓言也」。所以我們知道，莊子的文章，雖是放浪無涯，十九皆屬寓言。然而，所「寓」的究竟是什麼呢？這就是他在大宗師一篇中所說的「道」：「夫道有情有信，無爲無形，可傳而不可受，可得而不可見，自本自根未有天地，自古以固存，神鬼神帝，生天生地，在太極之先而不爲高，在六極之下而不爲深，先天地生而不爲久，長於上古而不老」。「道」本來是很難用語言辭彙解說的，不說，道又將隱晦而爲人所不知曉，世人將失去一條可至聖域賢關的道路。若是直言無諱，人們一定不屑而掩耳不聞，所謂瞽者無以與乎文章之觀，聾者無以與乎鐘鼓之聲。如是以倒裝的句法，奇嶮的字眼，巧妙的比方，創立一種特殊的文體，用來解釋說明、描繪形容、歌頌讚美老子的「道」，這大概就是莊子著述的苦衷吧！我現在將全篇分爲三章，每章再分若干段落，作重點式的說明，至於那些莊子已經講得很顯明的地方，就不再贅言了。

第一章從北冥有魚到聖人無名。子一共打了三個譬喻：

第一段是以動物爲喻。鯤鵬蜩與學鳩，大致看起來，大有大的逍遙，小有小的逍遙，但總是各有其逍遙的一面，不能得逍遙的全體，誠如郭象所說：「物各適其性」，雖然這種逍遙是「性」的逍遙，但這只是「血氣之性」，非「天命之性」，莊子所謂的「性」，都是指先天尚未形成的性。大凡有形體的東西，都是爲物所役使，不能夠逍遙，真得逍遙，決不可以物況喻。所以逍遙遊中，一提到「物」，都是說不逍遙。中庸云：「天地之大也，人猶有所憾，故君子喻大，天下莫能載焉，語小天下莫能破焉」。這是中庸說的逍遙，已超出大小形數之外了。中庸首章云：「天命之謂性，率性之謂道」。功夫上若能做到喜怒哀樂未發之中時，那時候就是不講逍遙，而所在已經是無不逍遙了。「素富貴行乎富貴，素貧賤行乎貧賤，素夷狄行乎夷狄，素患難行乎患難，君子無入而不自得焉」。莊子雖然是釋老，但儒家道家，終是一個理，合起來講，道理愈是明白。

第二段是以植物爲喻。朝菌冥靈大椿，同時沒有知覺的「物」，大的活至千萬歲，小的不知晦朔，難道莊子認爲長壽的冥靈大椿是逍遙，而早死的朝菌就不是逍遙嗎！莊子舉出這些大小植物來比說，用意是在比喻形體大的東西，後天秉賦厚，小的東西秉賦薄，人若是要成道體，而造出逍遙的境界，在精氣神上，不可以暗自虧損。

第三段是以人爲譬喻。宋榮子列子與至人神人聖人，相互比較。但是一「有待於外」，就不逍遙，中庸云：「夫焉有所倚」。什麼人才能做到真逍遙而無待於外呢？祇有至人神人聖人這三種人，因爲他們能夠無己、無功、無名，把不逍遙的病根全部解除，真能做到了無待於外而逍遙自得。

以上各節是莊子設喻爲文的大意，但在字句之間，仍有許多地方，須要加以說明：

什麼叫北冥南冥？莊周爲什麼要這樣說，「冥」，是人視力所看不到的地方，中庸上說：「莫見乎隱，莫顯乎微，故君子慎其獨」。「冥」就是「獨」字的境地，「冥」也就是道所蘊藏的地方。只說「北冥南冥」，而不說東冥西冥，這又是什麼道理？「北」，在洛書是「天一生水」，水中有陽，魚化爲鯤，鯤化爲鵬，這是魚躍於淵，鳶飛戾天之象，陽生在下的道理。極於天池曰南冥，這是易經乾卦九五飛龍在天的卦象。

說由北到南，卻不說由南到北，這是畫卦的深義，由初爻到上六，從下向上畫，說文解釋王字中間的那一豎，是喻人貫三才，也是從下向上寫。那末，天地的陽氣，都是生於下。邵康節詩云：「冬至子之半，天心無改移，一陽初動處，萬物未生時」。所以樂音用氣，黃鐘取天之陽氣，埋在地下覆葭灰候之，都是由北南上的大意。

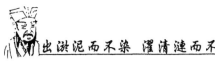

「上九萬里，六月息」，這又是怎麼一回事？九喻陽，六喻陰。爲什麼六月息？這是陰陽兩氣相遇而結合，易經上所謂「天地絪蘊，萬物化醇」的道理。大抵說來，不相交或是集氣不厚，或是交失其時，那末生物就不厚。「息」字在這裡非常重要，孟子養浩然之氣，就是養這個「息」字。

有些人說：斥鴳之笑，是比喻小的東西，不知道逍遙，人應該「先立乎其大者」！這是一種誤解，鯤鵬斥鴳都是「物」，都是沒有性靈的東西，孟子的所謂「大」，不是以「物」來說的，他是指人的「性」而言，「立乎其大者」，就是洪範的建皇極，濂溪的立人極。

又有些人說：冥靈大椿同是木，因爲木無知覺，所以才能「以五百歲爲春，五百歲爲秋，以八千歲爲春，八千歲爲秋」，這似乎有點像佛家說的「滅識成智」的道理，但是沒有弄清楚的是，佛家的「去八識」，是教人在入定的時候，去三心，非四相，並不是教人像樹木一樣。就是「八千歲爲春，八千歲爲秋」，在這裏也是喻人在入定的時候，須排去雜念，好像沒有人間甲子一樣，然後才能謂之真定，真定的功夫得到，然後才能逍遙。

「至人無己，神人無功，聖人無名」。三句本是古語，莊周在這裏引來，原是解釋上文「乘天地之正，御六氣之辨，以遊無窮者，彼且惡乎待哉」一段文字，而以下文章的大義，卻從這裡生出，近代論古文文法，所謂束上即以起下，這真是古人作文的無限妙緒！下章的意思，也就是根據這三點來分段說明。

第二章從堯讓天下於許由到則夫子猶有蓬之心也夫。

第一段從堯讓天下於許由到不越樽俎而代之，是解釋聖人無名。堯慷慨地將天下讓給許由，毫無吝惜之態，許由推卻堯所讓的天下，也是真心，並不做作，這都是聖人不以有天下爲名的表現。孔子曰：「大哉堯之爲君也，唯天唯大，唯堯則之，蕩蕩乎民無能名焉」。只有孔子才能深知堯的心理。堯和許由，同生在一個時代，都有內聖之學，但孔子卻沒有稱讚過許由，這是因爲許由沒有外王的功績，天下的賢人太多了，孔子那能夠一一稱道呢？許由當時沒有出來做事，因爲堯已在位，協和萬邦，政績彪炳，許由祇得「潛龍勿用」了，孟子曰：「禹稷顏回同道，易地則皆然」堯和許由何嘗不是一樣。

第二段從肩吾問連叔到窅然喪其天下焉，這一段是說神人無功。肩吾不了解接輿的話，所謂「小知不及大知」。「藐姑射之山，有神人居焉，其肌膚若冰雪」，用「冰雪」二字，來比喻神人身心的淨潔。神人有諸內，而後形諸外。詩經上說：「匪伊垂之，帶則有餘，匪伊卷之，髮則有旟」，它是一種自然的流露，沒有一絲矯飾的狀態。「淖約若處子」，神人的本來面目，有如未嫁的女子一般純潔。

「不食五穀」，孝子說：「五味令人口爽」。「乘雲氣，御飛龍」。神人之氣陽，所以能駕御飛龍，這是乾氣同氣相求的道理。

「其神凝，使物不疵癘，而年穀豐」。這是說天地間的氣和順，由於神人的氣感召而來，祥瑞徵應，是天人合一的關係。

「旁礴萬物，以爲一世蘄乎亂」，這是至誠之道，天地可以位，萬物可以育的意思。

「大浸稽天而不溺，大旱金石流土山焦而不熱」，水火無處可入，這是神人所以逍遙的緣故。

「塵垢粃糠，將猶陶鑄堯舜」，這是說神人以「道」中的精處，鍛鍊自己的身體，以「道」的粗處治世，神人以「神」御世，什麼政治手段都沒有辦法超過他。孟子說：「人皆可以爲堯舜」。陶鑄堯舜，就是陶鑄人人，同意在使人人如同堯舜一樣。

「堯平海內之政，往見四子，堯然喪其天下焉」。老子曰：「治大國，若烹小鮮」。又曰：「大制不割」。堯之能夠喪天下，正是堯的心能夠逍遙！老子曰：「功成不居」。孟子曰：「中天下而立，定四海之民，君子樂之，所性不存焉」。真逍遙就是這種景象！

第三段從惠子謂莊子曰到猶有蓬之心也夫。是講至人無己。超乎萬物的心境，是逍遙的境界。

惠子剖割大瓠，想利用一下，這是惠子的不能無己。「不龜手之藥，世以洴澼絖爲事，一朝鬻技百金」，宋人貪利，這也是不能無己。

「客得之，以說吳王，大敗越」，「佳兵不祥」，也是因爲不能無己。莊子誚其猶有蓬之心，蓬彎曲不直，不直的人，是由於有己。

「五石之瓠，爲大樽，浮乎江海」，想借大瓠遨遊一番，還是有己心理的作祟。

這一段莊周闡明至人無己，多半從反面著筆，老子曰：「正言若反」。就好像詩人的刺淫一樣，多從淫者的心理上來描寫，寓言愈曲折，就愈顯得美妙。

最後一章是逍遙的結論。樗木擁腫，不中繩墨，匠者不顧，老子曰：「君子盛德，容貌若愚」，「擁腫」，就是「愚」之態；「不中繩墨」，是比喻物欲無處可入。狸狌中機辟，是說狸「自驅於罟擭陷阱之中而莫之辟」，不是講機辟罔罟能陷害狸狌。

莊周最後說，那棵大樹應該栽到「無何有之鄉，廣漠之野」，無何有之鄉在何處？廣漠之野在何方？縱然是知道它的方向，假如栽樹的方法不對，那棵大樹，仍舊無法生存，當我們讀逍遙讀到這裡，心裏怎麼會不生疑問呢？

我想第一要知其鄉，第二要明白「樹」的方法，二者兼備，那末，莊子的逍遙遊，就每個都可以逍遙了。

有人問，莊周爲什麼不將這些道理和方法詳細說出來呢？我想，不是莊子沒有講明，而是讀莊子的人，沒有悟到書中的理，時代去古愈遠，讀古書也就愈難，爲什麼呢？我們試看成周的盛世，以三物興萬民，以智、仁、信、義、忠、和取士，這六個字同時列爲科條。因此人才濟濟，而後世卻每嘆求才難。周禮這部書，是元公致治太法寶，後世再四注疏，還是有不明其真意所在的地方，甚至有些朝代用周禮，反而召亂，這是什麼緣故？時代不同了，人也不同了，是最主要的原因。假若莊周生在成周以前，他根本沒有必要寫莊子這部書；若是他生在今天這種亂世，他必定會因時制宜，更加發揮他的主張。孟子有言：「五百年必有王者興，其間必有名世者」。亂極復靜，這是自然的趨勢，也是人心的趨向，和平的美景，何時才能企及呢？

尚書洪範劄記

鯀殛死，禹嗣興，一廢一興，天所三隲與耶，人所致也。五行者，天之所以爲天也。敘之者，敘天彝倫，敘天之所以隲與於人者也。天之所隲，無古今，惟此彝倫，人乃可與天齊，不在天而在我，聖人代天以致天下太平，其事業皆由此建立。鯀之湮洪水，不順於天也。湮之以一己之私，本平日方命圮族之智，不知水有性也。孟子曰：天下之言性也，則故而已矣。故者以利爲本，所惡於智者，爲其鑿也。鯀、鑿也，智者若禹之行水也，行其所無事也。天下事不順天以爲治，誤盡蒼生，獨一洪水哉。禹之賢，擴之僅能治「天命之謂性」一洪水哉！武王之訪箕子，首之以天，武之爲王，亦欲奉天以爲之而已。

陰隲下民，相協厥居。陰不可以耳目見聞之知而知之也。中庸曰。「天命之謂性」。朱子釋命字曰：「天以陰陽五行化生萬物，氣以成形，而理亦賦焉，猶命令也」。周子太極圖說曰：「無極之真，二五之精，妙合而凝」。謂之化生，謂之合凝。皆隱而不可見，而所生所成者，無不在是。民之爲居，居此也，居此天之所隲也。天所隲，其大者，彝倫也。相之者，爲去其不協於天所隲者而已也。洪範之至大，下分九事以明之。

初一日五行。五行居九疇之首。洪範治世之法，皆來自五行。五行者陽變陰合，水火木金土賴以生，用五行，即用天也。次曰敬用，曰農用，曰協用，以至威用。皆以維繫此五行於民，俾民同得所居也。五行水潤下作鹹，火炎不作苦，木曲直作酸，金從革作辛，土稼穡作甘。曰作，言五行能具此變化也。知五行之能爲變化，而後知爲政，知設施於民，民不至有善惡之不齊。孔子曰：有教無類。惟得所變化，而後能無類。無類之教，而後相協厥居也。聖人之與天地合其德者，合之以與民爲變化之道而已。

次二曰敬用五事。恭作肅，從作乂，明作哲，聰作謀，睿作聖，曰作，皆指人未能肅、能乂能哲、能謀、能聖，可從此而肅、而乂、而謀、而哲、而聖。可以不期然而然也。曰貌、言、觀、聽、思，人皆有之，人能反身而誠，愚必明，柔必強。五事尚敬用者，上能敬於民，民乃自敬而有諸身。堯命契爲司徒，曰敬敷五教，其義同也。

次三曰農用八政，蔡注：司徒掌邦教，所以成其性。其義最精。成性者，司徒一人之責乎！八者皆爲成民之性而設，一有戾於民性，則八者皆虛設，特司徒所負者重而專。他則輔翼之而已。周禮天官位冢宰，地官位司徒，一生一成，皆爲民復性之學，今不講已久矣。

次四曰協用五紀。歲月日星辰曆數，政必明於此者，天道之所以然。君知之，則可先天而天勿違；民有之，則可後天奉天時。天道有變化，政道有因革。因者因其不可變革。如四時之變化，缺無極，則陰陽不交，不交，則無四時也。堯太平天下，首命四官，曰敬授人時。

孔子告顏淵問爲邦，曰行夏之時。千古聖人，道一貫而已。

次五曰建用皇極。皇，大也，皇建其有極，大其建，立人極也。極、天之所以出治。人極立，則乾道變化，各正性命。民有極，民乃有福，而無淫朋比德，乃能有爲有守也。無虐煢獨，無畏高明，建極之人，不可雜以人欲之私也。既富方穀，祿不可輕以予人。錫福差，即民極不可建也。無偏無陂十二句，上一句皆指上能建極言，下一句則指下能建極言。皇極治世，其響應有如是者，即孔子言克己復禮，天下歸仁。易言同聲相應，同氣相求之道也。會其有極二句，明郅治太平，道之所在，在此極也。曰于帝其訓，洪範九疇出自天，非常人所造也。曰天子作民父母爲天下王，明民眾歌頌，出於自然。虞書簫韶九成，鳳凰來儀。中庸曰致中和，天地位，萬物育，人與天地參。老氏言爲政尚自然，大制不割。詩曰天之牖民，如壎如箎，如取如攜，攜無曰益，牖民孔易，其則一也。

次六曰乂用三德。三德以乂用言，言與民立極者，不外復民生固有之德，而後會極歸極易也。中庸言修道之教，先以智仁勇三達德言，言至誠而後言復天命之性。無他，一剛一柔，在天即一陰一陽，在人即一仁一義。聖人乂用之，取諸民所固有，不添入一分，所謂以人治人，改而止也。剛克，能使人底于疆弗友，柔克，能使人成其燮友。克者，有克復之功，即人一己百，人十己千，不至不止之道，氣質所由變化也，惟辟作福作威玉食，聖人亦作之以皇極，福之、威之、食之，使同會于有極，歸于有極而已。臣無有作福作威玉食者，陰雖有美，含之以從王事，弗敢成也，坤地道也，臣道也，地道無成，而代有終也。臣若反是而爲之，則禮樂征伐，自諸侯出，三世希不失矣，自大夫出，五世希不失矣。曰無有，戒之深矣，亦引之以立極也。

次七曰明用稽疑，曰明用，懼用不明也，人當爲政，亦有不協于極也，出于一己之私，政乃弗天也。謀及卿士庶人鬼神，以圖協于極而無弗吉者。人之吉，性而已。鬼神亦同此一性也。天陰騭下民，亦騭之以性。相協厥居，協之以性，焉有他道耶。

次八曰念用庶徵。皇極立，則徵無不休。皇極失，則徵無不咎。必念之，念立極之功夫，或有未至者在也。昔堯爲政，聽擊壤野叟之歌，以察己政之善否，亦念政與民立極，民之極立與未立也。庶民惟星，星有好風好雨。喻民所好不齊，而未有不好之懿德。肅、乂、哲、謀、聖，皇極立之所致也。狂、僭、豫、急、蒙，皇極失之所致也。徵不可僞造，念以用之，反求諸身而自得之也。

次九曰嚮用五福。五福六極，凡以著皇極之建與不建。五福曰嚮用。福申自天，天與不與，在人有嚮與未嚮耳。易曰：自天祐之，吉旡不利。子曰：祐者，助也。天之所助者，順也。人之助者，信也。信即嚮，順即天應其嚮也。六極與五福反，曰威用。亦示人立極不可不先，古政治書，洪範精而大備。後周公繼武王而爲周禮，設六官，天下治平。亦不外從此書悟出。有曰周禮亂天下者，亦惟皇立極之功夫有未至也。子曰，道不明也久矣。

原教

惟民有性，惟性難言；惟國有教，惟教在性。性雖形上，未麗於人也。中庸曰：「天命之謂性」。詩曰：「上天之載，無聲無臭」。孟子曰：「盡其心者，知其性矣，知其性，則知天矣」。知性，自知也，他人不能代知也，中華五千年來，先聖堯舜禹湯文武周公孔子所言，詩書六藝所載，善政善教，如出一轍，無他，物有本末，本亂，而末治者否矣。

後世治少亂多，生民塗炭，政治不解人性之所善，或雜以氣質之性言性，曰：「民生多惡也，可以刑齊之」，如是刑名法術之學起，而民之惡，日以愈多，國日以難治。非治難也，惡不可去也。不得去之之法，去之反以長之也。夫天以性賦於人，無形為用乃大，有形得無形，有形乃靈。氣質者，人之形而下者也。有清有濁，清多則善多，非彼性善於人，氣善於人也；濁多則惡多，非彼性惡於人，氣質惡於人也。氣質可變化，而人性則難移易。移易民性以為教育，則政與民戾人與天戾也，是以民日趨於惡，惡日多，而刑日厲，上日孤矣。極其至，臣弒其君者有之，子弒其父者有之。坤卦文言曰：「其所由來者漸矣，由辯之不早辯也」。嗚呼！

當戰國時，楊墨告子出，非性汚性，僞說日倡，大道日晦，人而不淪於禽獸者幾何也。孟子懼人日趨於惡，遊齊遊梁，與其徒公孫丑萬章輩，講明仁義道德之所以爲治。七篇之中，朱子曰：「默識而旁通之，無處不是說性善」。孟子曰：「余豈好辯哉，余不得已也」。前聖之制作文爲致太平者，及我而泯滅邪！禮儀三百，威儀三千，性與天道，聖人一以貫之，至今而勿傳邪！董子曰：「天不變，道不變」，政不可失所本也。詩曰：「天之牖民，如壎如篪，如璋如圭，如取如攜，攜無曰益，牖民孔易，民之多辟，無自立辟」。治可離民之性乎？老子曰：「善建者不拔，善抱者不脫」。不拔不脫，何所建？何所抱？民之性也。

若人生而果性惡，若牛馬虎豺然，則聖人固無以與之以仁義禮智之教而悉善之，亦將施以桎梏羈械之而已。聖人之爲教，未嘗於民有所短而加之也，未嘗於民有所無而益之也，未嘗於民有所難而強之也，未嘗於民有所苦而欺之也。孔子曰：「有教無類」。聖人但因民之性善而善之，固能弗類也。嘗告子張問十世可知，曰：「殷因於夏禮所損益可知也，周因於殷禮，所損益可知也。其或繼周者，雖百世可知。」民性若惡，從何而得所因，從何而能有知，放勳曰：「勞之來之，匡之直之，輔之翼之，使自得之」，民自得，非得之於放勳也，人性若惡，烏可以勞來輔翼耶！鯀之釗之，絕之滅之，殺之死之而已，而前古聖人不聞有此教也。

或曰，中庸言修道之謂教，其所修不出於天命之性，究竟天之所以爲命者何若？曰，其在易曰：「天地絪縕，萬物化醇」。絪縕者，天之所以爲命，而四時八節於以日復一日千古不改也。詩曰：「穆穆文王，於緝熙敬止」。文王之緝熙，緝天之熙也，文王之能緝熙，由於文王之穆穆也，文王之穆穆，即天地之絪縕也，文王知天之所以爲命，又不欲一人獨得之於身，爲人君，止於仁，爲人子，止於孝，爲人父，止於慈，與國人交，止於信。文王能仁孝慈信，此其性善所發也，抑知文王即以此而爲政於天下，三分天下有其二，民歸之若市，亦由此也。周濂溪曰：「無極之真，二五之精，妙合而凝」。夫惟妙合，而後無極凝也，無極凝，而後天之所以爲命者，不僅天有之也。周子又曰：「聖人定以仁義中正而主靜，立人極焉」。人極立，人之性善立也，主之以靜者，惟靜乃能與天之所以爲命，不期於合而無不合也，不期於凝而自凝也。夫維聖人爲政，不勞而治，其教敷於民，民無不感而化。詩曰：「不識不知，順帝之則」。孟子曰：「民日遷善而不知所以爲之」。夫刑於聖世，直騈拇枝指附贅縣疣而已耳。老子曰：「衆人熙熙，如享太牢，如登春臺，我獨怕兮其未兆，如嬰兒之未孩，乘乘兮若無所歸」。如嬰兒也。如無所歸也，老子之政無爲，身有天下而不與焉者也。如享太牢，民之性得而真樂之流露也，惟無爲，而後乃能無不爲也。無爲乎，爲之以民之性而已也。以民治民，改而止，奚俟爲。

聖人之教，所精者在一性字，而能使人人不失所性者，又在從一命字著手，故曰聖人法天爲政。中庸曰：「惟天下至誠，惟能經綸天下之大經，立天下之大本，知天地之化育，夫焉有所倚。肫肫其仁，淵淵其淵，浩浩其天，苟不固聰明聖知，達天德者，其孰能知之」。至誠乎，即周子之所謂靜也，至靜乎，即使民入於形，而不自知也。

明恥教戰說

戰不難，教戰難。教不難，知明恥以教戰難，以一國之兵戰，不若以一國之民戰。以一國之民之身戰，不若以一國之民之心戰。

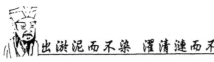

子路曰：「千乘之國，攝乎大國之間，加之以師旅，因之以饑饉，由也爲之，比及三年，可使有勇，且知方也。」何以方知，知所恥也。何以知恥，教有以明之也。兵法曰：「攻城爲下，攻心爲上。」攻心者，攻敵國民心之所恥也，彼民陷於水深火熱之中，我以兵臨之，彼必簞食壺漿以迎我者，知我非敵其民，敵其不愛彼民者，則我爲民之父母也。書曰：「傒我后，后來其蘇。」孟子曰：「君子有不戰，戰必勝矣。」何也？國土有彼疆此界之分，民心無彼民我民之別也，惟勝者能用彼國之心。自來國家敗亡，作戰不勝，非無兵，無民也，非無民，教民者失民所恥也。

試觀文王以百里而興，有紂之國土乎？有紂之心也，有紂民心之所恥也。紂有臣億萬，而潰敗於武王三千之眾，蓋武王之民知恥，紂之民亦知恥也，恥不得爲周之民，恥其君不爲周之君，其所由者非一日矣。故詩曰：「會朝清明」。中庸曰：「壹戎衣，而有天下。」當知，明民所恥者，非僅明我民之恥也。民之恥明，不待交鋒，而勝負決矣。

宋襄公「不擒二毛，不重傷，不以阻隘」。此仁人之言，用兵者所宜宗法也。子魚非之，曰：「君未知戰。」身爲大司馬，出此不遜之言，欲自文其戰敗之過而責難於君也。未戰之前，曰：「天之弃商久矣，君將興之，弗可。」不知國無不可教之民，即無不可興之國，民之恥明，欲國之不興亦不可得，當日若依子魚所言，於楚未濟未陳列之時攻之，宋一戰勝，子魚不自違天乎！吾推子魚之言，是殘民以逞，開戰國策士之風，啓生民塗炭之禍，誘人主貪地之心，敗人生爲君之德，子魚自不知恥，莫大如是。用其言非不可收小利於一時，而實伏大禍於他日，以子魚之言，用子魚之志，毀其宗廟，遷其重器，係累其子孫，必弗顧也。以此心，作此戰，彼民之心服耶？圖報之心不日深一日耶？孟子曰：「爭地以戰，殺人盈野，爭城以戰殺人盈城，此所謂率土地而食人肉，罪不容於死，故善戰者，服上刑。」其子魚不自知恥之謂也夫。

自春秋無義戰，歷秦漢迄今茲，民與民，民與國，國與民，無日不含殺機，無百年而不一戰，久矣夫！有國者昧於民恥之所在，徒知教戰，而或戰勝之由來，老子曰：「善戰者不怒，善勝敵者不爭。」民知聰，民怒，我無須怒也。不爭之爭，故爭不在臨陣之疆場，而爭在於平日之教也。孟子曰：「以不教民戰，是謂弃之。」不教者，教不能明民恥也。

嗟乎！政教衰微，學術鄱亂，相戕相賊之禍，又非僅中華一國而已也。舉世汲汲然以求治，而亂不能休！舉世汲汲然以圖存，而絕滅者眾！舉世汲汲然以謀幸福，而慘禍竟接踵以來！不知明恥以教戰，民日罹於罟擭陷阱之中，民之咎也乎！

「明恥教戰」一語，出於子魚，然其義子魚亦未知之也。果知之深，則當宋襄圖霸方殷之時，理宜於平日與襄公愷切引導之。孟子曰：「一正君，而國定。」則宋襄之霸，等齊桓晉文而上之，無不可也，而子魚之功，與管仲子犯趙衰輩並駕齊驅，亦無不可也。噫！子魚亦未之知也。

行己有恥論

恥者，吾所固有之物，羞惡之心也。存之，則進於聖賢；失之，則同於禽獸，故所繫於己者甚大。奈何世之有恥者少，而無恥者多也！

君子効命於家邦，立功垂於萬世。君子之行己也。其始也，不恥惡衣惡食，不令色巧言，不病人之不己知，躬自厚而薄責於人。其繼也，學以日進，德以日尊，上達之階梯，已操於己矣，而君子猶不自知也。

顏淵曰：「舜何人也，予何人也，有爲者亦若是」。公明儀曰：「文王我師也，周公豈欺我哉」！君子之行己，殆若是焉。而其終也，有所不爲，而無不可爲也。爲天地立心，爲生民立命，爲往聖繼絕學，爲萬世開太平，非斯人無以任之也。

噫！此猶人也，何以能若是哉！蓋耳目口鼻之慾，彼不貴也；聲色貨利之好，彼不爲也。孔子曰：「推十合一爲士」，博學反約也。「一者，惟初太極，道立於一，造分天地，化成萬物」，士之所抱負在此也。而士當行己之時，亦不自知也，但行其心之所安而已矣，此何也者？

孟子曰：「惻隱之心，仁之端也。羞惡之心，義之端也。辭讓之心，禮之端也，是非之心，智之端也，人之有是四端，猶其有是四體也」。羞惡者何？恥也。羞乃恥己之不善，惡乃憎人之不善。己有不善，則思趨善。人有不善，則勸勉之。思善、智也。勉人爲善，仁也、義也。一恥之生，四者皆備於我，而君子固猶不自知也。

昔者，伊尹耕於有莘之野，而樂堯舜之道。非其義也，非其道也，一介不以與人，一介不以取諸人，此伊尹之行己也。及湯使人三往聘之，繼而幡然改曰：「思天下之民，匹夫匹婦，有不被堯舜之澤者，若己推而內之溝中」，是乃伊尹之恥也。

斯恥也，其始，在一己。其繼，在天下。其終，爲萬世之爲士者法矣。

孔子曰：「行己有恥，使於四方，不辱君命，可謂士矣。」其出使不辱，亦即當年行己有恥之功夫，蘊藏於身者至矣，而發於外者，偉哉！

自由與紀律

無紀律之自由，人群之賊也，有紀律之自由，人群之福也。凡心有所之，乃發而爲言，動而爲行，其言其行，不因外鑠而避退，而所言所行，無不善者，天賦之性，有以使然也。仁義禮智信隨心所發，應於物而物亦因而善。孔子曰：「從心所欲不踰矩」。朱子注云：「矩，法度之器所以爲方者也，隨其心之所欲，而自不過於法度，安而行之，不勉而中也。」孟子亦云：惻隱辭讓羞惡是非恭敬，非由外鑠我者也，我固有之也。自由者其人性之本然乎！既曰人性之本然，則宜倡導之，解放之，從心所欲，焉用矩？曰：弗可！自由有體，體未立則用不彰，涉遠不自邇，登高不自卑，躐等以求，鮮不失敗。況自由者，發出雖在一人，而影響恆及社會國家，必保存社會之團體，團體固，而後利益可共享也。被芸芸眾生，若各欲肆其所欲，則利害相峙，相峙必爭，爭而不已，則一己之身且不得保存矣！遑問享受耶？遑問家國耶？

故自由者，必假以範圍，範圍爲何？爲保護自由經界而設者也，爲保護人民進入自由之階梯也，名之曰紀律。紀，猶網在綱，有條不紊也。律，竹管所製，取冬至陽氣製成，爲五音之準也。故自由不出紀律，則自由爲吉，自由若失紀律，則自由爲凶。故紀律者，自由之母也。

吾嘗觀萬國之成例，凡尊重自由權之民族，即爲最有紀律之民族，凡不侵犯他人之自由權者，己身之自由權即得保。故自由之國家，人民遵守之紀律有三：一曰公理也。二曰法律也。三曰公眾之決議也。現代所謂文明者，如此而已也。若唾棄之而勿顧，則己身之自由，亦將斲喪而無餘蘊！今有倡解放者，致造無君父子夫婦朋友兄弟之亂局，如無防之水，泛濫成災！

自由乎！自由乎！億萬人群之自由被奪，此患猶小，億萬人群因失紀律而淪爲禽獸，其患至大矣。余故曰：無紀律之自由，人群之賊也；有紀律之自由，人群之福也。

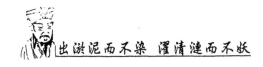

國家圖書館出版品預行編目資料

周濂溪學說發微 / 毛寬偉著. － 初版 -- 臺北
市：文史哲, 民 91
面： 公分
ISBN 978-957-549-462-9（平裝）

1.（宋）周敦頤－學術思想－哲學 2.陽明學

125.12 91014577

周濂溪學說發微

著 者：毛 寬 偉
出 版 者：文 史 哲 出 版 社
http:// www.lapen.com.tw
e-mail：lapen@ms74.hinet.net
登記證字號：行政院新聞局版臺業字五三三七號
發 行 人：彭 正 雄
發 行 所：文 史 哲 出 版 社
印 刷 者：文 史 哲 出 版 社
臺北市羅斯福路一段七十二巷四號
郵政劃撥帳號：一六一八〇一七五
電話886-2-23511028 ・ 傳真886-2-23965656

實價新臺幣二六〇元

二〇〇二年（民九十一） 九月初版
二〇一五年（民一〇四）十二月再版

ISBN 978-957-549-462-9 12511